放置
レシピ

時間がない人のための超速つくりおき313

火を
使わない

包丁
使わない

ワン
ステップ

食材
ひとつ

食のスタジオ 編

とにかく時間がないピヨの前に現れたのはー
何このデータ！
依頼してたのと
全然違う！
ええ〜〜っ！
私はピヨ
夫のピースケくん
小学生のピッピ
保育園に通うピー太の
4人家族です
夫
娘
息子
もうお迎えの時間だ！
もう持ち帰ってやるしかない
お先に失礼しまーす！
ぎょっ
あわわわわっ
取引先にメールして
おこう…
えっと
「先ほどのデータ
ですが…」
ピロリン♪
あら
メッセージ
ピースケくん
ごめん今日
残業になった泣
夜ごはん僕の担当
だったけど
お願いしてもいい…？
明日は早く帰ります！
ぐぬぬぬ…
えーーっと
ピー太お迎えに行って
買いものして…
うぇーん
私だって忙しいのに！
おかーさーん
早く帰ろう
ピーレンジャー観たい！
ちょっと待って
スーパー寄らないと
うわっ
混んでる〜
タイムセール中
がや
がや
もう献立も思い浮かばないし
今日はお惣菜買って帰ろう！

お惣菜買うはずが
鮭と長ねぎを買ってしまった…
何もメニューが
思い浮かばないよ〜！
鮭と長ねぎがあるなら
レンジで香味蒸しが
ラクチン！
もく
もく
誰!?…って
鮭ってレンジで
調理できるの？
「包丁使わず」はさみで切る♪
「火を使わず」レンチン♪
「ワンステップで」
炒めて完成♪
帰ってからでも
作りおきできるおかずが
ぱぱっと作れちゃうんです！
それはありがたい
明日のお弁当も
これでいける〜！
ぱぱーーーんっ!!
わー！
こんなおかずが
レンジでかんたんに
できるなんて！
毎日作る料理は
時短するのが
一番！
よーし
仕事片付けちゃうぞ
ピー太お風呂入っておいで！
はーい
いっしょに入ろ
え
LET'S START!!

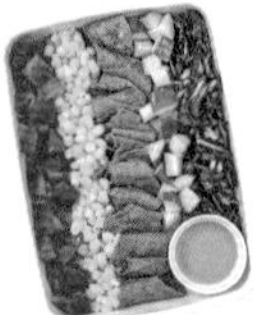

CONTENTS

肉類・魚介類・豆腐・卵

メインおかず

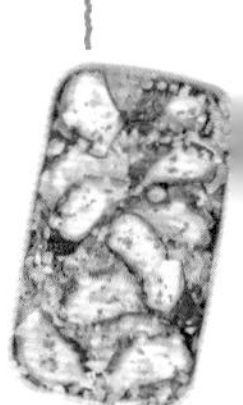

野菜・きのこ・豆・乾物
サブおかず

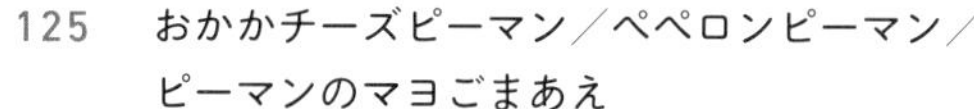

この本のきまり

- 材料の分量はほとんどが4人分です。一部、2人分もあります。
- 小さじ1は5mℓ、大さじ1は15mℓです。
- オーブン、オーブントースター、電子レンジの加熱時間はめやすです。メーカーや機種によって異なる場合があるので、様子を見ながら調整してください。
- 電子レンジは600Wを使用しています。500Wの場合は加熱時間を1.2倍、700Wの場合は加熱時間を0.8倍にしてください。
- 冷蔵、冷凍の保存期間はめやすです。食品の扱いに気をつけ、食べる前に、必ず状態を確認しましょう。

＼とにかく時間がない人へ／

この本で「超速つくりおき」しませんか？

この本はただの作りおきではない、便利なポイントがたくさんあります。

TOPIC 1 少ない時間でたっぷりおかずが作れる

作りおきで毎日ラクチン

この本のレシピはほとんどが15分以内で作れる、日持ちのするものばかり。すきま時間に作っておけば、毎日が見違えるほどラクになります。

帰ってからでもすぐできる

仕事から帰って疲れているときでもちゃちゃっと作れて、晩ごはんがあっという間に完成。残ったおかずは日持ちするので、次の日のお弁当などにも活用できて便利。

TOPIC

2

火を使わず作れる

キッチンに立ってコンロにつきっきり…。忙しいときは電子レンジなどを使って、そんな面倒な手間から解放されましょう。洗いものも少量ですみます。

TOPIC

3

包丁もいらない

キッチンばさみやピーラーを活用すれば、下ごしらえにかかる手間を減らせます。ボウルに移せばまな板を使う必要もなし。

TOPIC

4

ワンステップや食材ひとつでできる

工程が少ないワンステップや、食材ひとつでできるレシピも紹介。放置するだけでできるレシピもあるので、シーンごとに便利に使えます。

＼料理が苦手でも大丈夫！／

スピード調理のルール

効率よく作業できるコツをつかんで、手間を減らしましょう。

RULE

1 工程ごとにまとめて作業する

食材や調味料をすべて出しておく、材料はまとめて洗うなど、工程ごとにいっきに作業をすると、効率がアップします。まとめてできることがあるか考えるクセをつけると、段取り上手になるでしょう。

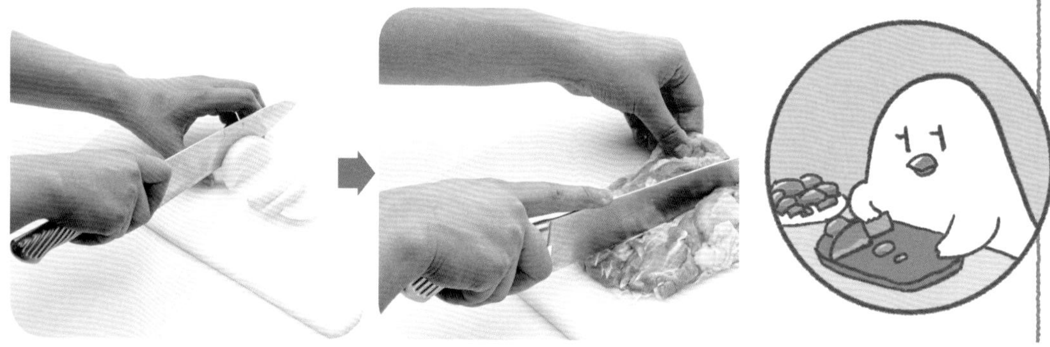

RULE
2 食材の大きさをそろえる

食材は長さや厚みをそろえると、火が均一に通りやすくなり、時短調理につながります。

野菜はピーラーを使って薄くスライスすることで、短時間で味がしみ込みやすくなります。

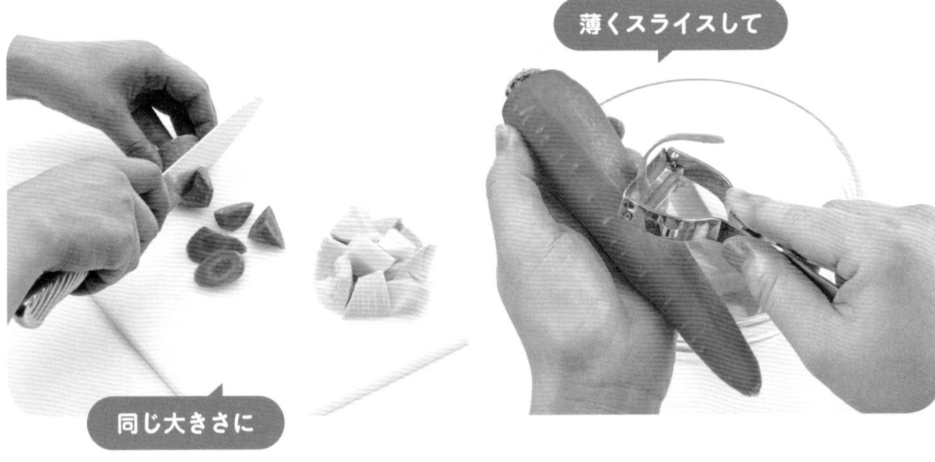

RULE
3 包丁やコンロを極力使わない

包丁の代わりにキッチンばさみを使うと、包丁やまな板を使う手間が省けます。

鍋でゆでる代わりに電子レンジを活用すれば、同時に作業ができ、調理時間を短縮できます。

＼すごく便利！／

この1冊で ラクラクスピード調理

この本では、メインおかずとサブおかずを、それぞれ時短で作れる3タイプに分けています。

[メインおかずラクラク3パターン]

肉や魚、豆腐、卵を用いた主菜を紹介しています。

レンチンとは思えないふっくらさ

チキンチャーシュー

15分

材料（4人分）

鶏もも肉 … 2枚（500g）
A しょうゆ … 大さじ3
酒、はちみつ … 各大さじ2
おろししょうが … 小さじ1
おろしにんにく … 小さじ½

時短のコツ

フォークで肉に数か所穴をあけることで、加熱ムラなく時短調理できる。

作り方

1 鶏もも肉はフォークで両面に数か所穴をあけ、合わせたAをからめる。皮目を下にして耐熱容器に入れ、ふんわりとラップをして電子レンジで7分加熱する。
2 取り出して上下を返し、ふんわりとラップをしてさらに4分ほど加熱する。
3 粗熱がとれたら食べやすく切る。

冷蔵 3日 冷凍 1か月

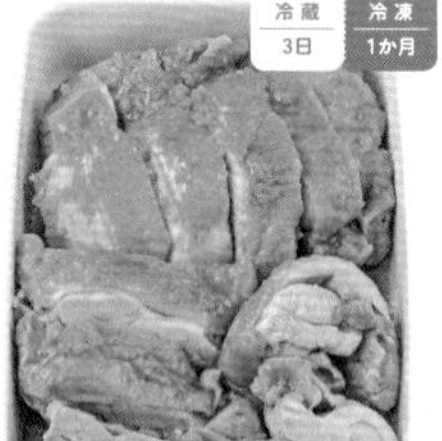

火を使わない

パリッと焼いた皮目がおいしい

鶏まる焼きおろしポン酢

12分

材料（4人分）

鶏もも肉 … 2枚（500g）
大根 … 400g
塩、こしょう … 各少々
片栗粉、サラダ油 … 各大さじ3
ポン酢しょうゆ … 適量

調理のポイント

鶏肉は焼き始めを、フライ返しなどで上から押さえながら焼くとパリッとする。

作り方

1 大根は皮をピーラーでむき、すりおろして水けをきる。
2 鶏もも肉はフォークで両面に数か所穴をあけ、塩、こしょうをふって片栗粉をまぶす。フライパンにサラダ油を中火で熱し、皮目を下にして5分、裏返して弱火で2分焼く。
3 2を食べやすく切って1、ポン酢しょうゆをかける。

※おろしポン酢は冷凍×

冷蔵 3日 冷凍 1か月

包丁使わない

まいたけと長ねぎにも肉のうまみがジュワ〜

鶏もも肉の蒸し焼き

15分

材料（4人分）

鶏もも肉 … 2枚（500g）
長ねぎ … 1本
まいたけ … 1パック
バター … 15g
塩、しょうゆ … 各小さじ1
こしょう … 少々

調理のポイント

鶏の皮目を下にして焼くと肉の脂がしみ出て、油いらず。

作り方

[下ごしらえ]
鶏もも肉はキッチンばさみで2等分に、長ねぎは斜め薄切り、まいたけは手でほぐす。

1 フライパンに鶏もも肉を皮目を下にして入れて塩、こしょうをふる。まいたけ、長ねぎ、バターを順にのせ、ふたをして、中火で10分蒸し焼きにし、最後にしょうゆをかける。

冷蔵 3日 冷凍 1か月

ワンステップ

025

火を使わない

電子レンジなどを使って調理するレシピです。洗いものが少なくすみます。

包丁使わない

食材を切らずにそのまま使ったり、キッチンばさみなどを使って作れるレシピです。

ワンステップ

下ごしらえと1工程でできるレシピです。

[サブおかずラクラク3パターン]

野菜やきのこ、豆類、乾物を用いた副菜を紹介しています。

野菜の甘みに粒マスタードがアクセント

にんじんとさつまいものサラダ

10分

材料(4人分)

にんじん … 2本(300g)
さつまいも … 1本
水 … 大さじ2
A マヨネーズ … 大さじ1
　粒マスタード … 小さじ2

時短のコツ

さつまいもは、市販の焼きいもを粗くつぶして使えば、さらに時短。

作り方

1 にんじん、さつまいもは皮をむいて5mm角に切り、耐熱容器に入れる。水をふり入れ、ふんわりとラップをして電子レンジで5分加熱する。

2 水けをきり、粗熱がとれたらAを加えてあえる。

火を使わない

火を使わない

そのままあえたり、電子レンジなどで加熱するだけで作れます。

ツナのうまみと塩だけで味つけ

にんじんしりしり

10分

材料(4人分)

にんじん … 2本(300g)
ツナ缶(水煮)
　… 小1缶(70g)
卵 … 3個
サラダ油 … 大さじ1
塩 … 小さじ½

作り方

1 にんじんはピーラーで皮をむき、スライサーでささがきにする。

2 フライパンにサラダ油を中火で熱し、1、ツナ缶を缶汁ごと入れて3〜4分ほど炒める。

3 にんじんがしんなりしてきたら塩を加え、割りほぐした卵を回し入れて炒め合わせる。

包丁使わない

包丁使わない

キッチンばさみやピーラーを使い、包丁やまな板を使わずに調理できます。

甘辛味でにんじん嫌いもやみつきに

にんじんのきんぴら

10分

材料(4人分)

にんじん … 大2本(400g)
A しょうゆ、みりん
　　… 各大さじ2
　砂糖 … 大さじ½
　赤唐辛子(種を除き小口切り) … 1本分
白いりごま、ごま油
　… 各小さじ2

リメイク

豚バラ肉で巻いて甘辛く焼いて、ボリュームアップ。

作り方

1 にんじんは皮をむいて細切りにする。

2 耐熱容器に1、Aを入れて混ぜる。ふんわりとラップをして、電子レンジで6分加熱する。

3 白いりごま、ごま油を加えて混ぜ合わせる。

食材ひとつ

食材ひとつ

メインで使う食材が1種類あれば作れます。おかずが足りないときのもう1品に便利。

099

＼ こっちもおすすめ！ ／

放置レシピ

オーブンや炊飯器に入れてほっとくだけ、漬けておくだけなど、下準備の手間が少なく、放置するだけで完成します。

放置レシピ

材料(4人分)＋作り方

1 **保存袋にすべての材料を合わせて軽くもみ、冷蔵庫で半日おく**

プチトマト(ヘタを除き、竹串で数か所穴をあける) … 2パック(300g)
うずらの卵(水煮) … 20個
水 … 大さじ4
しょうゆ … 大さじ2
ごま油 … 大さじ½
カレー粉 … 小さじ½

\ 使い方アイデア❶ /

帰って15分で3品

平日、家に帰ってからでも、すぐに3品作れる手順を紹介します。

START → 5分

メインおかず

鶏のガリバタステーキ
→P26

STEP 3 鶏肉を切って塩、こしょうをふり、フライパンで焼く

サブおかず

ピーマンのハムチーズ焼き→P124

STEP 2 材料を切って、調味料と合わせる

サブおかず

ミックスビーンズとトマトのサラダ→P171

STEP 1 トマトを切る

先に切りものをするのがポイント

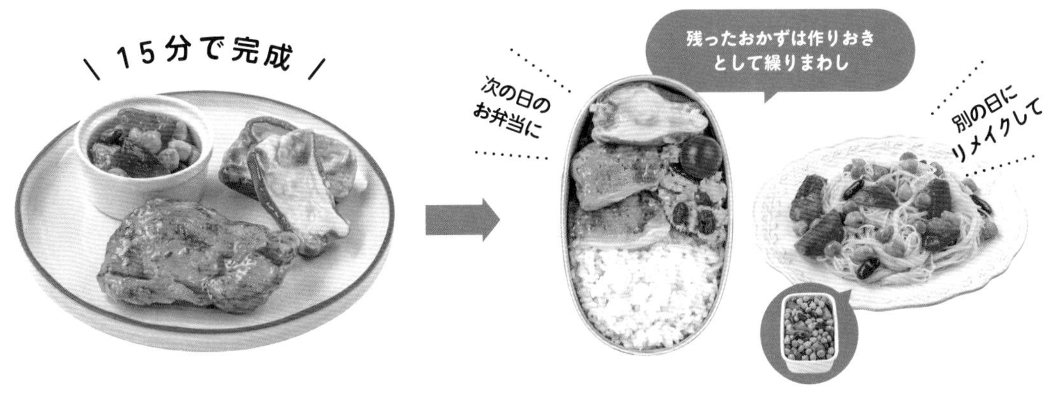

10分 ➡ 15分

焼いている間に

STEP 4 ピーマンに詰めて
チーズをのせ、
オーブントースターで
焼く

STEP 5 裏返して
さらに焼く

STEP 6 すべての材料を
あえる

STEP 7 調味料を加えて
煮からめる

\ 使い方アイデア❷ /

30分で5品作りおき

休日など、たった30分でたっぷり作りおきができる手順を紹介します。

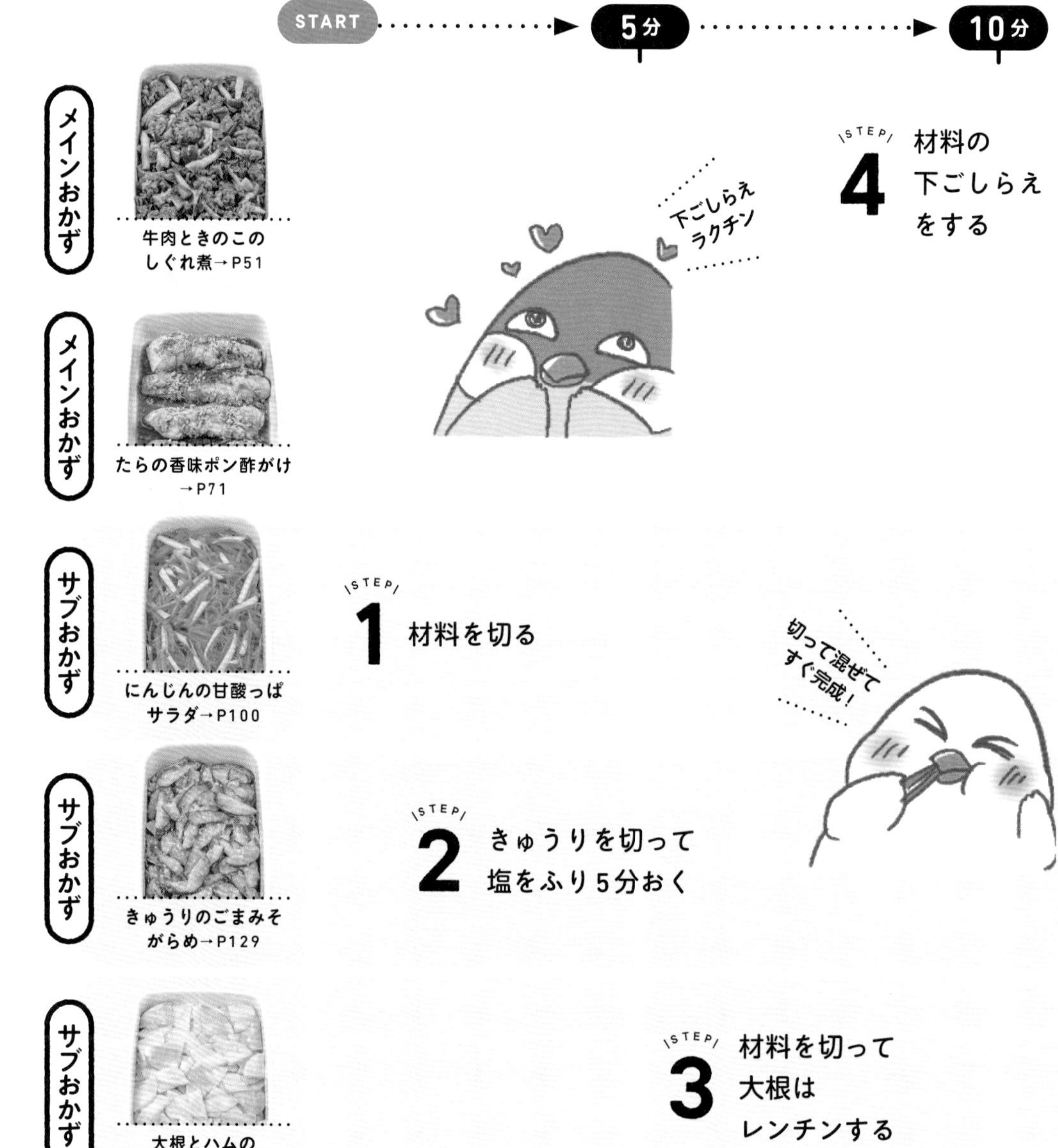

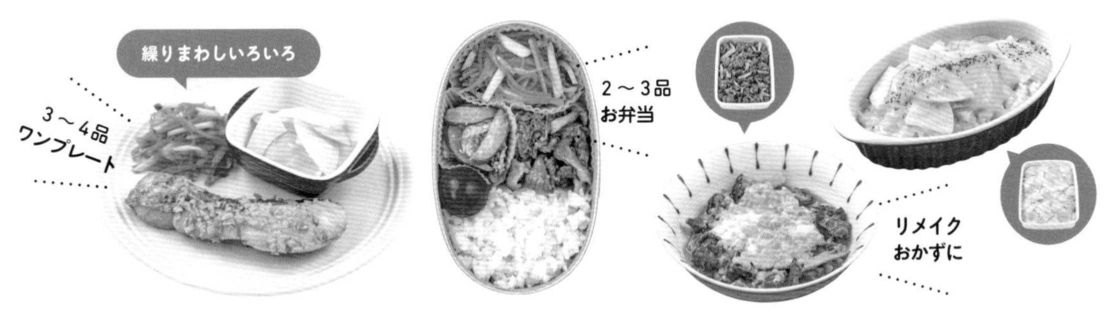

15分 → 20分 → 25分 → 30分

STEP 8 鍋にすべての材料を入れて煮つめる

STEP 5 たらの下処理をして、しょうが、長ねぎを切る

STEP 7 すべての材料を耐熱容器に入れてレンチンする

STEP 9 すべての材料を合わせてあえる

STEP 6 きゅうりの水けを絞って調味料と混ぜ合わせる

STEP 10 材料と調味料を耐熱容器に入れてレンチンし、塩、こしょうで味を調える

＼ 知って得する ／

スピードに差がつくヒント

覚えておくとぐっと時短になる、買いものの仕方や調理のコツを紹介します。

買いもの編

買いものに行くタイミングや予定に応じて、買い方の工夫をしましょう。

[毎日買いもの派]

その日の気分や特売品を毎日ちょこちょこ買う派は、冷蔵庫の中身を把握しておくことが大切。買うものが明確になって衝動買いや寄り道を防ぎ、買いもの時間の短縮や節約に。

[まとめ買い派]

休みの日にいっきにまとめて買う派は、数日間分の献立をざっくりと考えておくとスムーズ。1週間分の場合は、肉2種、魚介1～2種、野菜4～5種、卵を組み合わせてできるメニューを考えましょう。

[宅配サービスや冷凍食材も便利]

仕事や家事、子どもの送迎などでなかなか買いものに行けないときは、ネットスーパーなどの宅配サービスもおすすめ。重いものも家まで運んでくれるので、時間や体力に余裕ができます。また、あらかじめ下処理してある冷凍食材も手頃で、時短に。

調理編

調理器具や調味料を上手に使って、作業の効率アップを図りましょう。

電子レンジ

下ゆでなどの下ごしらえのほか、炒めものや揚げもの、チャーハンまでできます。

炊飯器

炊飯以外にも、かたまり肉でチャーシューを作るなど、放置レシピにも大活躍。

キッチンばさみ ピーラー

肉や葉野菜はキッチンばさみ、にんじんなどのかたい野菜はピーラーやスライサーを使うと手早く、後片付けまでラクになります。

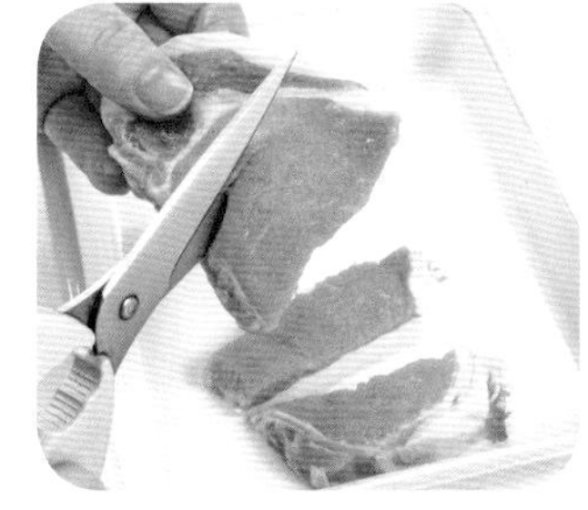

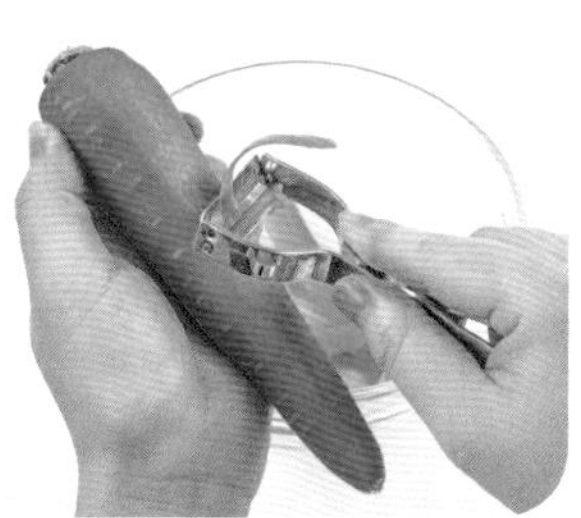

ペーパータオル

落としぶたとして使えば、アクもいっしょに取り除くことができます。また、豆腐の水きりもスピードアップできます。

調味料

ポン酢しょうゆやめんつゆ、サラダドレッシングなど、1回で味が決まる調味料を使えば、調理工程をグンと減らすことができます。

＼ これで長持ち ／

おいしく食べるための保存法

正しく保存をして、おいしさを長持ちさせましょう。

保存のポイント

① 保存容器を消毒する

保存容器は煮沸をするか、食品用のアルコールスプレーで消毒をしましょう。

② 冷ましてから詰める

おかずはしっかり冷ましてから保存容器に詰めましょう。詰めるときは清潔な箸やスプーンなどを使って。

③ 密閉して保存する

おかずは空気に触れないように、しっかり密閉。味の劣化や雑菌の増殖が防げます。作った日付や料理名もメモしましょう。

④ 食べる分だけ取り分ける

食べるときは、清潔な箸やスプーンで食べる分だけを取り出し、残りは冷たいうちに保存しなおしましょう。

上手な解凍法

あえもの、サラダ ▶▶冷蔵庫解凍

解凍すれば食べられるおかずは、食べる分だけ冷蔵庫に移してゆっくり解凍します。水けがでることもあるので、よくきってから食べましょう。

炒めもの、煮もの ▶▶電子レンジ加熱

温めて食べるおかずは、電子レンジで短時間ずつ加熱しながら解凍しましょう。こうすることで、加熱ムラや加熱のしすぎを防ぎます。

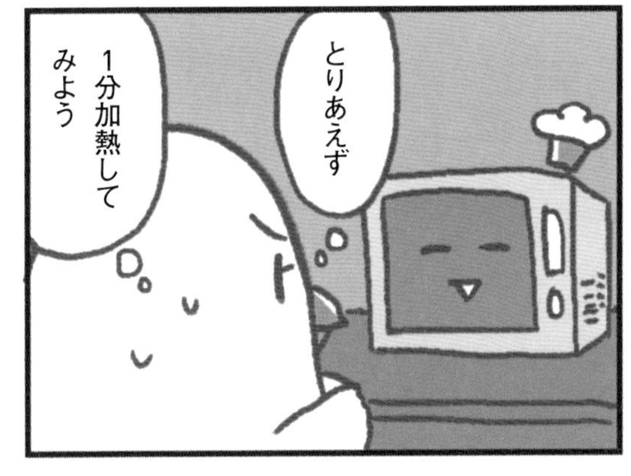

焼きもの、揚げもの ▶▶電子レンジ＆オーブントースター加熱

外側をカリッとさせたいおかずは、電子レンジである程度温めてからオーブントースターで加熱しましょう。アルミホイルをかぶせると焦げを防げます。

[この本の使い方]

この本は、前半はメインおかず、後半はサブおかずで構成しています。
どのおかずもスピード調理ができます。

タイプ別で
選べる
(P12参照)

❶ 素材の説明

素材の旬や時短で調理できるテクニック、長持ちさせる保存法を紹介しています。

❷ 4コマまんが

時短でおかずを作るコツや作りおきのアイデア、よくある素材の悩みなどをまんがでわかりやすく解説しています。

❸ 保存期間

おかずの冷蔵、冷凍保存できる期間のめやすを示しています。

❹ ミニコラムを活用して

時短のコツ

より手早く調理できるコツを紹介しています。

調理のポイント

ひと工夫でよりおいしくなるポイントを紹介しています。

リメイク

アレンジやリメイクのアイデアを紹介しています。

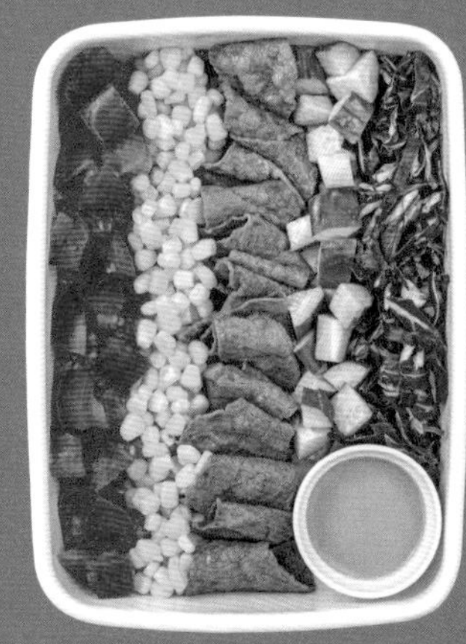

肉類・魚介類・豆腐・卵

メインおかず

15分以内でできる3タイプの
メインおかずのレシピ

鶏もも肉

レンチンでもオーブンでも、炒めても煮てもおいしいお助け肉。
調味料をもみ込んでから加熱すると味なじみが早い。

保存法

冷蔵：2日

ラップでしっかり包み、保存袋に入れてチルド室へ。

冷凍：1か月

使いやすい大きさに切り分け、酒少々をふって保存袋へ。

スピードテク

はさみ

食べやすくぶつ切りに。

レンジ

数か所穴をあけてチンして、スピード蒸し鶏。

レンチンとは思えないふっくらさ

チキンチャーシュー

15分

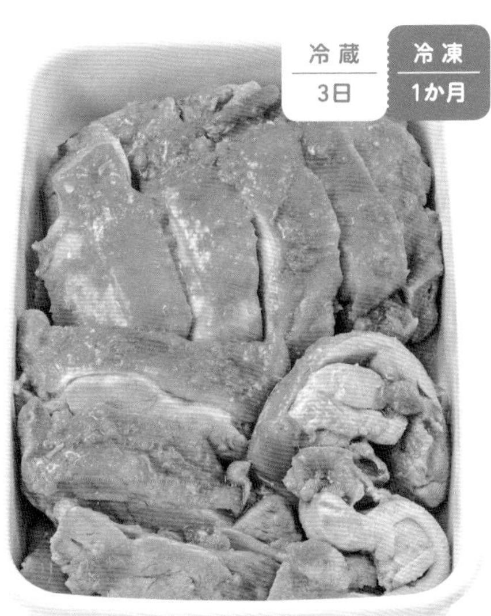

火を使わない

材料(4人分)

鶏もも肉 … 2枚(500g)
A しょうゆ … 大さじ3
　酒、はちみつ … 各大さじ2
　おろししょうが … 小さじ1
　おろしにんにく … 小さじ½

時短のコツ

フォークで肉に数か所穴をあけることで、加熱ムラなく時短調理できる。

作り方

1 鶏もも肉はフォークで両面に数か所穴をあけ、合わせたAをからめる。皮目を下にして耐熱容器に入れ、ふんわりとラップをして電子レンジで7分加熱する。
2 取り出して上下を返し、ふんわりとラップをしてさらに4分ほど加熱する。
3 粗熱がとれたら食べやすく切る。

パリッと焼いた皮目がおいしい

鶏まる焼きおろしポン酢

12分

包丁使わない

材料(4人分)

鶏もも肉 … 2枚(500g)
大根 … 400g
塩、こしょう … 各少々
片栗粉、サラダ油 … 各大さじ3
ポン酢しょうゆ … 適量

調理のポイント

鶏肉は焼き始めを、フライ返しなどで上から押さえながら焼くとパリッとする。

作り方

1 大根は皮をピーラーでむき、すりおろして水けをきる。
2 鶏もも肉はフォークで両面に数か所穴をあけ、塩、こしょうをふって片栗粉をまぶす。フライパンにサラダ油を中火で熱し、皮目を下にして5分、裏返して弱火で2分焼く。
3 2を食べやすく切って1、ポン酢しょうゆをかける。

※おろしポン酢は冷凍×

まいたけと長ねぎにも肉のうまみがジュワ〜

鶏もも肉の蒸し焼き

15分

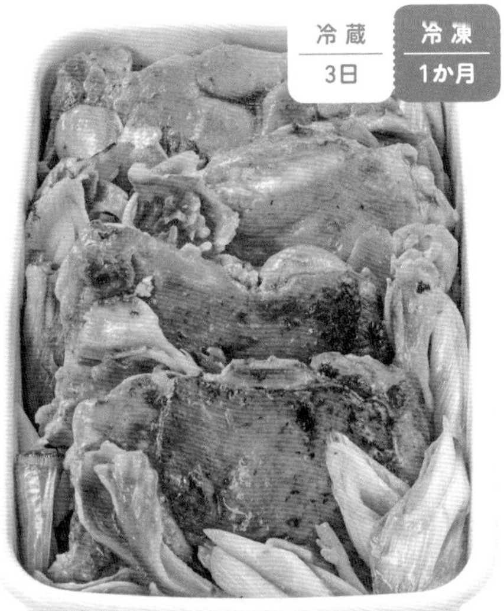

ワンステップ

材料(4人分)

鶏もも肉 … 2枚(500g)
長ねぎ … 1本
まいたけ … 1パック
バター … 15g
塩、しょうゆ … 各小さじ1
こしょう … 少々

調理のポイント

鶏の皮目を下にして焼くと肉の脂がしみ出て、油いらず。

作り方

[下ごしらえ]
鶏もも肉はキッチンばさみで2等分に、長ねぎは斜め薄切り、まいたけは手でほぐす。

1 フライパンに鶏もも肉を皮目を下にして入れて塩、こしょうをふる。まいたけ、長ねぎ、バターを順にのせ、ふたをして、中火で10分蒸し焼きにし、最後にしょうゆをかける。

チーズのコクがあとをひく

鶏肉のレンチンシチュー

材料(4人分)

鶏もも肉 … 2枚(500g)
玉ねぎ … 1個
A 水 … 100mℓ
コンソメスープの素(顆粒) … 小さじ2
B 牛乳 … 300mℓ
ミックスベジタブル(冷凍) … 100g
粉チーズ、小麦粉 … 各大さじ2
バター … 10g
塩、こしょう … 各少々

作り方

1 鶏もも肉はひと口大に切り、玉ねぎは2cm角に切る。
2 耐熱容器に混ぜ合わせた**A**、**1**を入れ、ラップをせずに電子レンジで6分加熱する。
3 取り出してひと混ぜしたら、**B**を加えて混ぜる。ラップをせずにさらに4分加熱し、塩、こしょうで味を調える。

がっつりこってりスタミナ系

鶏のガリバタステーキ

15分

材料(4人分)

鶏もも肉 … 2枚(500g)
塩、こしょう … 各少々
オリーブ油 … 大さじ1
A バター … 15g
しょうゆ … 大さじ1
砂糖 … 小さじ1
おろしにんにく … 小さじ½
パセリ(みじん切り) … 小さじ⅓

作り方

1 鶏もも肉はキッチンばさみで2等分にして塩、こしょうをふる。
2 フライパンに**1**を皮目を下にして入れ、オリーブ油を加えて中火で6分、裏返して弱中火で3分ほど焼く。
3 **A**を加えて煮からめる。

調理のポイント

鶏の脂をそのまま使って絶品ソースに。

放置レシピ

圧力鍋なしで味がしみしみ

鶏と大根のみそ煮込み

60分

材料(4人分)+作り方

1 **炊飯器にすべての材料を入れて普通に炊飯する**
鶏もも肉(ひと口大) … 2枚(500g)
大根(1cm幅の半月切り) … 200g
しょうが(せん切り) … 1片
水 … 400mℓ
みそ … 大さじ3
しょうゆ、砂糖、酒 … 各大さじ2
2 **お好みで小ねぎを散らす**

食欲をそそる絶品うま辛味

ヤンニョムチキン

材料(4人分)

鶏もも肉 … 2枚(500g)
A 酒 … 大さじ1
　塩 … 小さじ⅓
片栗粉 … 大さじ2
サラダ油 … 大さじ1
B コチュジャン、しょうゆ
　　…各大さじ2
　トマトケチャップ、ごま油
　　…各大さじ1
　砂糖…小さじ2
　おろしにんにく
　　… 小さじ1

作り方

1 鶏もも肉はひと口大に切り、Aをもみ込み、片栗粉をまぶす。耐熱容器に並べ、サラダ油を回しかけ、ラップをせずに電子レンジで6分加熱する。

2 取り出して合わせたBをからめ、鶏肉の上下を返す。ふんわりとラップをしてさらに6分加熱し、お好みで白いりごまをふる。

お弁当にもぴったりの食べやすいサイズ

鶏肉の和風照り焼き

15
分

冷蔵
4日
冷凍
1か月

材料(4人分)

鶏もも肉 … 2枚(500g)
小麦粉 … 適量
サラダ油 … 大さじ½
A しょうゆ、酒、みりん
　　… 各大さじ2
　砂糖、酢 … 各小さじ1

時短のコツ

保存袋に切った肉を入れて小麦粉をまぶせば、手が汚れず、洗いものも減らせて時短。

作り方

1 鶏もも肉はキッチンばさみで1.5cm幅に細長く切り、小麦粉を薄くまぶす。

2 フライパンにサラダ油を強中火で熱し、1を皮目を下にして並べて3〜4分焼く。皮がこんがりしたら上下を返し、弱火にして中まで火を通す。

3 2のフライパンの脂をふき、Aを加えて煮立て、照りが出るまで煮からめる。

放置レシピ

材料(4人分)+作り方

1 鶏もも肉とじゃがいもを耐熱容器に入れ、Aをまぶし、220℃に予熱したオーブンで20分ほど焼く
鶏もも肉(ひと口大) … 2枚(500g)
じゃがいも(ひと口大) … 大2個
A オリーブ油 … 大さじ2
　ハーブソルト … 小さじ1

シンプルだからこそ際立つうまみ

チキンとポテトのオーブン焼き

25
分

メインおかず

鶏むね肉

ヘルシーだけどパサつきがちなむね肉は、下味をつける、
たたいて繊維を壊すなどのひと工夫でやわらか＆おいしく。

保存法

冷蔵：2日

ラップでしっかり包み、保存袋に入れてチルド室へ。

冷凍：1か月

使いやすい大きさに切り分け、酒少々をふって保存袋へ。

スピードテク

めん棒

たたくと火の通りがよくなる。

レンジ

数か所穴をあけてチンして、サラダチキン風。

にんにくマヨとかつお節で悪魔的なおいしさ

鶏のおかかパン粉焼き

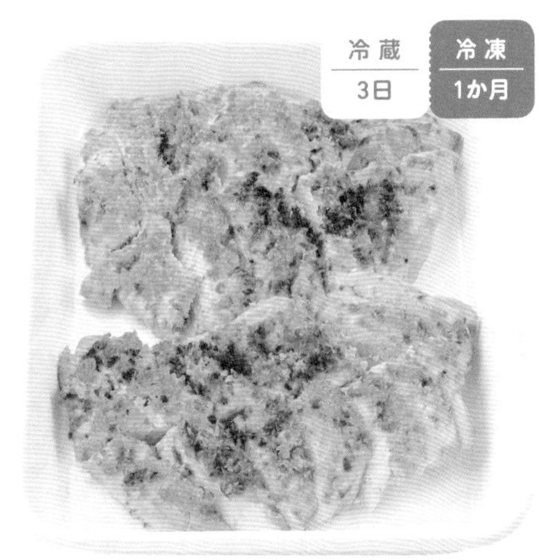

材料(4人分)

鶏むね肉 … 小2枚(400g)
塩 … 小さじ1
こしょう … 少々
A マヨネーズ … 大さじ2
　おろしにんにく … 小さじ¼
B パン粉 … 大さじ6
　かつお節 … 3g
　オリーブ油 … 大さじ2

作り方

1 鶏むね肉は観音開きにして、塩、こしょうをふる。
2 アルミホイルを敷いた天板に1を皮目を下にして並べて、合わせたAを塗り、その上に合わせたBをのせる。
3 オーブントースターで鶏肉に火が通るまで8分ほどこんがりと焼き、食べやすく切る。

オリーブ油の効果でしっとりと

鶏むね肉のガーリックオイル蒸し

12分

材料(4人分)

鶏むね肉 … 2枚(500g)
塩、こしょう … 各少々
A オリーブ油、酒 … 各大さじ2
　コンソメスープの素(顆粒) … 小さじ2
　おろしにんにく … 小さじ1

リメイク

葉もの野菜やパプリカなどと合わせてチキンサラダに。

作り方

1 鶏むね肉はめん棒でたたき、フォークで両面に数か所穴をあけて塩、こしょうをふる。
2 耐熱容器に1を入れて合わせたAを回しかける。ふんわりとラップをして電子レンジで5分加熱する。
3 取り出して上下を返し、さらに3分ほど加熱して、食べやすく切る。

串に刺さずにお手軽調理

フライパン焼き鳥

10分

材料(4人分)

鶏むね肉 … 2枚(500g)
長ねぎ … 2本
サラダ油 … 大さじ1½
A しょうゆ … 大さじ3
　みりん、酒 … 各大さじ2
　砂糖 … 大さじ1½

作り方

[下ごしらえ]
鶏むね肉と長ねぎはぶつ切りにする。

1 フライパンにサラダ油を中火で熱し、鶏むね肉、長ねぎ、Aを入れて5〜6分炒め、お好みで七味唐辛子をふる。

リメイク

少量のだし汁で煮て、溶き卵でとじてごはんにのせれば親子丼に。

火を使わない

包丁使わない

ワンステップ

メインおかず

鶏ささみ

加熱後は手で裂けるので、包丁いらず。
下味をつけて加熱すれば、パサつきも防げる。

保存法

冷蔵：2日

すじを除いてラップでしっかり包み、保存袋に入れてチルド室へ。

冷凍：1か月

すじを除いて酒少々をふり、1本ずつラップをして保存袋へ。

スピードテク

はさみ

すじにそって切ると手早く開ける。

レンジ

チンするとラクに手で裂ける。

パサつかないしっとりやわらかな仕上がり

鶏ささみの粒マスタードマヨ焼き

15分

材料(4人分)

鶏ささみ … 6本(240g)
A マヨネーズ … 大さじ2
粒マスタード … 小さじ2
おろしにんにく … 小さじ1

調理のポイント

焦げそうな場合は裏返すかアルミホイルをかぶせる。

作り方

1 鶏ささみはすじを除いてひと口大に切って、合わせたAをもみ込む。

2 アルミホイルを敷いた天板に1を並べ、オーブントースターで12分ほど焼く。

ハーブの香りとオリーブ油をまとえば一流料理に

鶏ささみのスピードコンフィ

15分

材料(4人分)

鶏ささみ … 6本(240g)
ハーブソルト … 小さじ1
オリーブ油 … 適量

リメイク

ひと口大に切り、マッシュルーム、刻みにんにくと加熱してアヒージョ仕立てに。

作り方

1 鶏ささみはラップではさんでめん棒でたたき、ハーブソルトをまぶす。

2 小さめのフライパンに1を入れ、ささみが浸かるくらいのオリーブ油を注いで中火にかける。煮立ったら10秒加熱し、火を止めて余熱で10分おく。

しょうがが味を引き締める

鶏天

15分

材料(4人分)

鶏ささみ … 6本(240g)
塩 … 小さじ½
小麦粉 … 適量
サラダ油 … 適量
A 水 … 100mℓ
小麦粉 … 大さじ4
おろししょうが … 小さじ1
鶏がらスープの素(顆粒) … 小さじ½

作り方

[下ごしらえ]
鶏ささみはすじを除いてひと口大に切り、塩、小麦粉をまぶす。

1 フライパンにサラダ油を深さ3cmほど入れて中火で熱し、合わせたAに鶏ささみをくぐらせて、揚げ焼きにする。

リメイク

甘辛く煮て天丼にしたり、野菜と炒め合わせて酢豚風に。

メインおかず

鶏手羽先・鶏手羽元

レンチンや煮込みなど、放置調理ができてうまみたっぷり。
はさみで切り込みを入れると、包丁いらずで味しみが早い。

保存法

冷蔵：2日

2本ずつ上下を交互にしてラップで包み、保存袋に入れてチルド室へ。

冷凍：1か月

2本ずつ上下を交互にしてラップで包み、酒少々をふって保存袋へ。

スピードテク

はさみ

骨にそって手軽に切り込みが入れられる。

レンジ

数か所穴をあけてチンして、ジューシーチキン。

甘めの煮汁にしょうがを効かせて

手羽元のめんつゆ煮

15分

材料(4人分)

鶏手羽元 … 12本(600g)
しょうが…1片
A 水…200mℓ
めんつゆ(3倍濃縮)…100mℓ
みりん…大さじ2

調理のポイント

しょうがは皮つきのまま使うと風味がアップ。皮むき不要だと時短にもなる。

作り方

1 鶏手羽元はフォークで数か所穴をあける。しょうがはせん切りにする。
2 耐熱容器に鶏手羽元を並べ、しょうがを散らして合わせたAを加える。ふんわりとラップをして電子レンジで6分加熱する。
3 取り出して上下を返し、ふんわりとラップをしてさらに6分加熱し、そのまま粗熱がとれるまで蒸らす。

スピード味しみでビールがすすむ

手羽先の南蛮漬け

15分

材料(4人分)

鶏手羽先 … 12本(600g)
塩 … 小さじ⅓
片栗粉、サラダ油 … 各適量
A しょうゆ、酢、水 … 各大さじ3
砂糖 … 大さじ1½
赤唐辛子(種を除き小口切り) … 1本分

時短のコツ

切り込みを入れると味しみが早く、さらに揚げる時間も短くなる。

作り方

1 鶏手羽先はキッチンばさみで骨にそって切り込みを入れ、塩をもみ込む。
2 フライパンにサラダ油を深さ3cmほど入れて中火で熱し、1に片栗粉を薄くまぶして入れ、両面こんがりと揚げ焼きにする。
3 熱いうちに合わせたAに漬ける。

指までなめたくなるほどおいしい

手羽先のにんにくごまがらめ

15分

材料(4人分)

鶏手羽先 … 12本(600g)
A しょうゆ … 大さじ3
酒 … 大さじ2
砂糖 … 大さじ1½
白いりごま … 小さじ2
おろしにんにく … 小さじ1

時短のコツ

調味料は火にかける前にフライパンの中で混ぜ合わせるとラクチン。

作り方

[下ごしらえ]
鶏手羽先はフォークで数か所穴をあける。

1 フライパンにAを混ぜ合わせ、鶏手羽先を皮目を下にして並べて強火にかける。焼き色がついたら裏返してふたをし、中火で10分蒸し焼きにし、火を止めてそのまま3分ほど蒸らす。

火を使わない
包丁使わない
ワンステップ

メインおかず

豚こま切れ肉

そのままでもまとめてかたまり肉風にもできる、うまみたっぷりの便利肉。切らずに使えて、味なじみも早いので時短調理にぴったり。

スピードテク

レンジ

まとめて油をからめてチンすれば、やわらか豚ステーキ。

保存法

冷蔵：2日

小分けにしてラップで包み、保存袋に入れてチルド室へ。

冷凍：1か月

酒少々をふり、小分けにしてラップで包んで保存袋へ。

混ぜて皮をかぶせるとおばけみたい!?

豚こま逆さシューマイ

15分

冷蔵 3日 冷凍 1か月

材料(4人分)

豚こま切れ肉 … 300g
小ねぎ(小口切り) … 1本分
シューマイの皮 … 12枚
A 酒、しょうゆ、ごま油 … 各小さじ1
練り辛子 … 小さじ½
塩 … 少々
小麦粉 … 大さじ1

時短のコツ

ペーパータオルをぬらしてかぶせるだけで、電子レンジが即席蒸し器に。

作り方

1 ボウルに豚こま切れ肉とAを入れてよく練り混ぜ、小ねぎ、小麦粉を加え、粉っぽさがなくなるまで混ぜる。

2 1を12等分にして丸め、水にさっとくぐらせたシューマイの皮を1枚ずつかぶせて形を整え、耐熱容器に並べる。

3 ぬらしたペーパータオルを2の上にのせ、ふんわりとラップをして電子レンジで6分加熱する。

ごまにみそのコクと風味が加わって食べごたえ◎

豚肉といんげんのごまみそあえ

10分

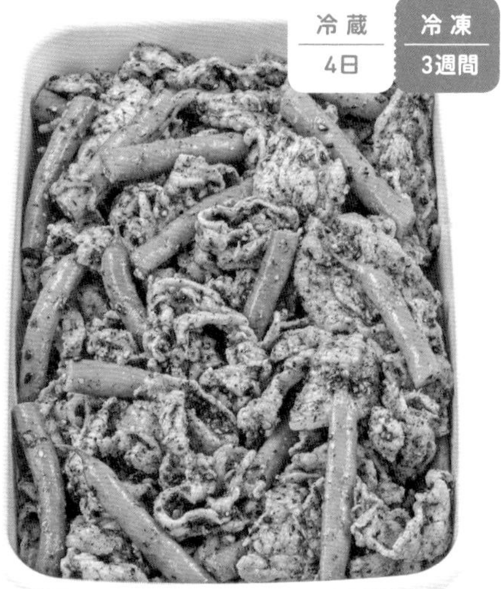

冷蔵 4日 冷凍 3週間

材料(4人分)

豚こま切れ肉 … 300g
さやいんげん … 15本
酒、塩 … 各適量
A 黒すりごま … 大さじ4
みそ、だし汁 … 各大さじ2
砂糖 … 大さじ1

作り方

1 さやいんげんはすじを除き、キッチンばさみで4cm長さに切る。

2 豚こま切れ肉、1は酒、塩を加えた熱湯でさっとゆでて、ザルにあげる。

3 ボウルにAを混ぜ合わせ、2を加えてあえる。

ひと手間でじっくり煮込んだような仕上がりに

豚肉ときのこのトマト煮

12分

冷蔵 4日 冷凍 1か月

材料(4人分)

豚こま切れ肉 … 300g
スライスマッシュルーム(水煮) … 100g
小麦粉 … 小さじ2
トマトジュース(無塩) … 200mℓ
水 … 100mℓ
トマトケチャップ、オリーブ油 … 各大さじ2
塩 … 小さじ⅓
おろしにんにく、粗びき黒こしょう … 各少々

作り方

[下ごしらえ]
豚こま切れ肉は小麦粉をまぶす。マッシュルームは汁けをきる。

1 鍋に粗びき黒こしょう以外のすべての材料を合わせて強中火にかける。煮立ったらふたを少しずらしてのせ、弱中火にして8〜10分煮て、粗びき黒こしょうをふる。

火を使わない

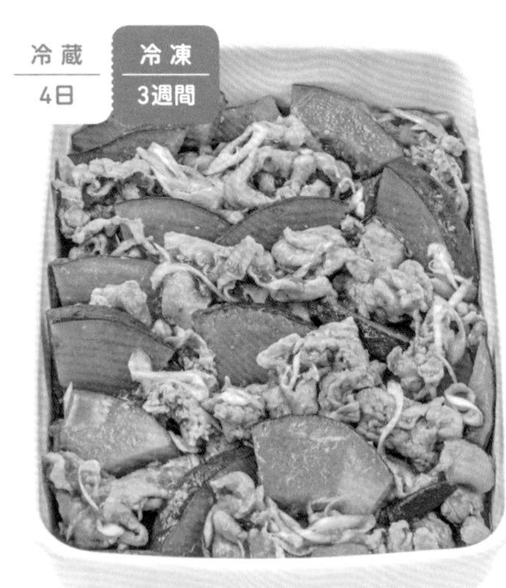

電子レンジで揚げずに作る

豚南蛮

10分

材料(4人分)

豚こま切れ肉 … 300g
かぼちゃ … ⅙個
長ねぎ … ½本
サラダ油 … 大さじ2
A めんつゆ(3倍濃縮) … 130mℓ
水 … 大さじ4
酢 … 大さじ2
赤唐辛子(種を除く) … ½本分

作り方

1 かぼちゃは1cm幅の薄切りにする。耐熱容器に豚こま切れ肉とともに入れてサラダ油を均等に塗る。ふんわりとラップをして、かぼちゃに竹串がすっと通るくらいまで電子レンジで7分ほど加熱する。
2 長ねぎは斜め薄切りにし、Aとともにボウルに入れて混ぜる。
3 2に油をきった1を加えて混ぜ、味をなじませる。

包丁使わない

お口の中で肉汁がじゅわっと炸裂

スタミナ塩豚から揚げ

15分

材料(4人分)

豚こま切れ肉 … 400g
A 塩、おろしにんにく、おろししょうが … 各小さじ½
こしょう … 少々
溶き卵 … 1個分
小麦粉、片栗粉 … 各大さじ2
サラダ油…適量

作り方

1 豚こま切れ肉にAをもみ込み、溶き卵、小麦粉、片栗粉を加えてよく混ぜ合わせる。
2 フライパンにサラダ油を深さ3cmほど入れて中火で熱し、1をひと口大にぎゅっと丸めて入れ、カラッと揚げ焼きにする。

リメイク

トマトケチャップとしょうゆベースのとろみあんをからめ、ミートボール風に。

ワンステップ

ハニーマスタードでおしゃれな味わい

豚肉のハニーマスタード炒め

8分

材料(4人分)

豚こま切れ肉 … 300g
さやいんげん … 8本
オリーブ油 … 大さじ1
A 粒マスタード … 大さじ2
はちみつ、しょうゆ … 各大さじ1

作り方

[下ごしらえ]
さやいんげんはヘタと筋を取る。

1 フライパンにオリーブ油を中火で熱し、豚こま切れ肉、さやいんげん、Aを順に加えて炒め合わせる。

リメイク 

ゆでたスパゲッティと生クリームを加えてクリームパスタに。

小麦粉をまとえば豚肉のうまみを逃さない

豚肉と小松菜のさっと煮

10分

冷蔵 3日 / 冷凍 3週間

材料(4人分)

豚こま切れ肉 … 300g
小松菜 … 150g
小麦粉 … 大さじ½
A みりん … 大さじ4
水 … 大さじ1½
しょうゆ … 小さじ2
塩 … 小さじ⅔

作り方

1 豚こま切れ肉は小麦粉をまぶす。小松菜は根元を落とし、4cm長さに切る。

2 耐熱容器に小松菜を入れ、合わせたAをかけて豚肉を広げてのせる。ふんわりとラップをして、電子レンジで5〜6分加熱する。

時短のコツ

大きめの耐熱容器に材料を広げて加熱することで、短時間で均等に火が通る。

冷凍ポテトでスピード炒め

トンポテケチャップ

10分

冷蔵 4日 / 冷凍 1か月

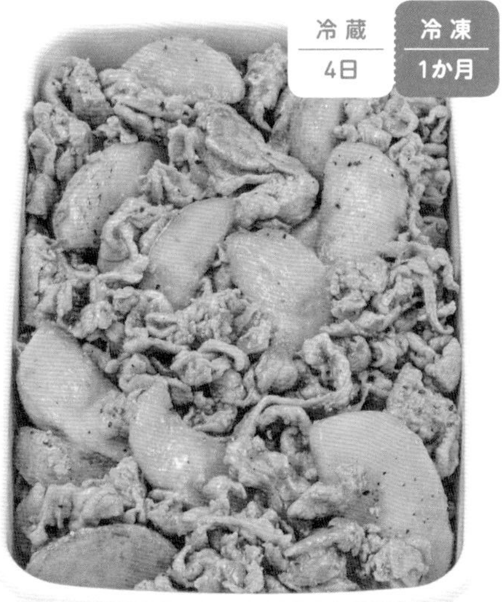

材料(4人分)

豚こま切れ肉 … 300g
フライドポテト
(冷凍・皮つき) … 350g
サラダ油 … 大さじ1
A トマトケチャップ
… 大さじ3
中濃ソース … 大さじ1
粗びき黒こしょう … 少々

作り方

1 フライパンにサラダ油を中火で熱し、片方に豚こま切れ肉、もう片方にフライドポテトをそれぞれ広げて炒める。

2 フライドポテトに火が通ったら豚肉にAを加え、とろみがついたら全体に炒め合わせる。

調理のポイント

調味料は豚肉にからめてから全体に混ぜることで、下味をつけなくてもメリハリのある仕上がりに。

青のりの風味と塩味がやみつき

のり塩豚たつた

10分

冷蔵 4日 / 冷凍 1か月

材料(4人分)

豚こま切れ肉 … 400g
A みりん … 大さじ½
塩 … 小さじ⅔
B 片栗粉 … 大さじ4
青のり … 小さじ1
サラダ油 … 適量

作り方

1 豚こま切れ肉にAをもみ込んで8等分にし、丸めて平らにつぶす。Bをまぶして、サラダ油を深さ3cmほど入れて熱したフライパンで揚げ焼きにする。

時短のコツ

豚こま切れ肉を使うことで短時間で火が通る。

メインおかず

豚バラ肉

薄切り肉は手でほぐせてお手軽。油いらずでジューシーに仕上がる。かたまり肉は切ってから加熱すると味しみが早い。

保存法

冷蔵：2日

ラップでしっかり包み、保存袋に入れてチルド室へ。

冷凍：1か月

小分けにしてラップで包み、保存袋へ。

スピードテク

トースター

塩、こしょうをしてこんがり焼いて、カリカリ豚。

豚バラのうまみがかぶを包み込む

かぶの豚巻きグリル

15分

材料(4人分)

豚バラ薄切り肉（しゃぶしゃぶ用）…16枚(300g)
かぶ(葉つき)…4個
塩、こしょう…各少々
サラダ油…適量
A スイートチリソース…大さじ4
ポン酢しょうゆ…小さじ1

調理のポイント

豚肉はこんがりと、かぶは歯ごたえが残る程度に焼く。

作り方

1 かぶは茎を2cm残して葉を落として皮をむき、4等分のくし形切りにする。豚バラ薄切り肉は塩、こしょうをふり、かぶに1枚ずつ巻く。

2 アルミホイルを敷いた天板にサラダ油を薄く塗り、1の巻き終わりを下にして並べる。

3 オーブントースターで8〜10分ほどこんがり焼き色がつくまで焼く。保存容器に移し、合わせたAをかける。

ポン酢しょうゆで手軽に味つけ

豚バラの甘酢あん

12分

材料(4人分)

豚バラ薄切り肉（しゃぶしゃぶ用）…300g
プチトマト…12個
塩、こしょう…各少々
片栗粉…大さじ2
A 水…130mℓ
ポン酢しょうゆ…大さじ2
砂糖…小さじ2
こしょう…少々
サラダ油…大さじ1

作り方

1 豚バラ薄切り肉は塩、こしょうをふり、12等分にして丸め、片栗粉をまぶす。プチトマトはヘタをとる。Aは混ぜ合わせておく。

2 フライパンにサラダ油を強中火で熱し、1の豚肉を転がしながら焼く。ペーパータオルで余分な脂をふき取り、Aを加えてとろみがつくまで煮る。

3 プチトマトを加えてさっと火を通す。

10分でじっくり煮込んだようなしみ具合

豚バラと大根のしょうゆ煮

15分

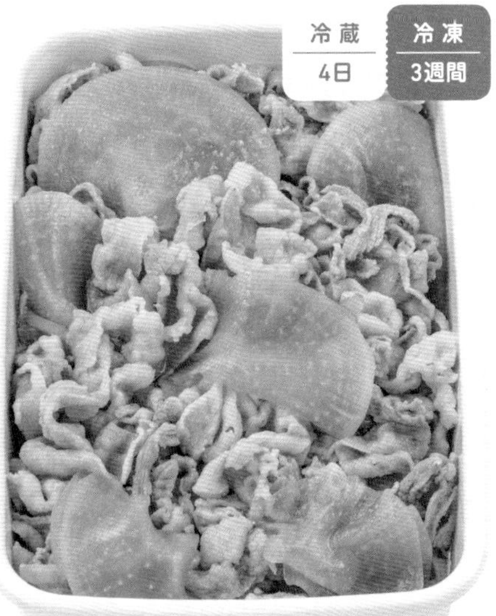

材料(4人分)

豚バラ薄切り肉（しゃぶしゃぶ用）…300g
大根…⅓本
A だし汁…400mℓ
酒、みりん…各大さじ2½
しょうゆ…大さじ1½
塩…小さじ¼

時短のコツ

大根は薄切りにして煮ることで、短時間でじっくり煮込んだように。

作り方

［下ごしらえ］
大根は薄い輪切りにする。

1 鍋にA、大根を入れて強火にかけ、煮立ったら豚バラ薄切り肉を加えて中火で大根に火が通るまで6〜7分煮る。

冷蔵 3日　冷凍 2週間

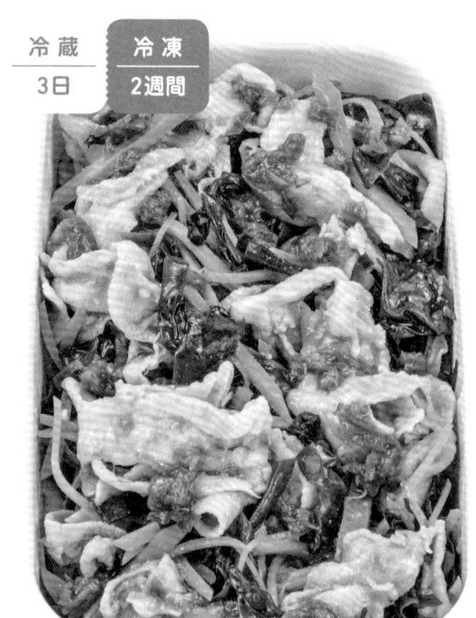

梅パワーであっさり食べられる

豚肉とわかめの梅サラダ

10分

材料(4人分)

豚バラ薄切り肉
(しゃぶしゃぶ用)… 300g
梅干し … 2個
わかめ(乾燥) … 10g
にんじん … ½本
酒 … 大さじ½
A 水 … 大さじ4
めんつゆ(3倍濃縮)
… 大さじ2
砂糖 … 大さじ1
ごま油 … 小さじ½
こしょう … 少々

作り方

1 梅干しは種を除いて包丁でたたく。わかめは水でもどしてしっかり水けをきる。ボウルに梅干し、Aとともに混ぜ合わせる。

2 耐熱容器に豚バラ薄切り肉を広げて酒をふり、ふんわりとラップをして電子レンジで3～4分加熱する。取り出してせん切りにしたにんじんをのせ、ラップをかけてそのまま粗熱をとる。

3 水けをきった**2**に**1**を加えてさっとあえる。

冷蔵 4日　冷凍 3週間

かたまり肉のような食べごたえ

豚ロールの照り煮

12分

材料(4人分)

豚バラ薄切り肉
(しゃぶしゃぶ用)… 400g
チンゲン菜 … 2株
小麦粉 … 大さじ2
サラダ油 … 大さじ1
A しょうゆ、酒、砂糖
… 各大さじ2
水 … 150mℓ

作り方

1 豚バラ薄切り肉はキッチンばさみで8等分にして重ね、丸めて小麦粉をまぶす。チンゲン菜は根元に十字にはさみを入れ、手で1株を4等分にする。

2 フライパンにサラダ油を強中火で熱し、1の豚肉を並べてこんがりと焼き色をつけ、ペーパータオルで余分な脂をふき取る。

3 Aを加えて煮からめ、照りがでたら水、チンゲン菜を加えてふたをして6分ほど煮る。

冷蔵 3日　冷凍 2週間

豚バラとオイスターのコクでごはんがすすむ

豚バラとさやえんどうの オイスター炒め

材料(4人分)

豚バラ薄切り肉 … 300g
さやえんどう … 200g
サラダ油 … 大さじ1
A オイスターソース
… 大さじ2
酒 … 大さじ1
しょうゆ … 大さじ½
おろしにんにく、こしょう
… 各少々

作り方

[下ごしらえ]
豚バラ薄切り肉はひと口大に切る。さやえんどうはすじを除く。

1 フライパンにサラダ油を強中火で熱して豚肉、さやえんどうの順に炒める。油が回ったらAを加えて照りがでるまで炒め合わせる。

とろっとやわらか味しっかり

豚みそ角煮

15分

冷蔵 3日 冷凍 1か月

材料(4人分)

豚バラかたまり肉…300g
長ねぎ…½本
うずらの卵(水煮)…10個
A 砂糖、酒、おろししょうが
…各小さじ1
B めんつゆ(3倍濃縮)
…大さじ2
みそ…大さじ1½
水…大さじ1

作り方

1 豚バラかたまり肉は2〜3cm角、長ねぎは2cm長さに切る。

2 耐熱容器に豚肉、Aを入れてよくもみ込む。合わせたB、長ねぎを加えて混ぜ、ふんわりとラップをして電子レンジで4分30秒加熱する。

3 取り出して上下を返し、ラップをしてさらに4分加熱する。うずらの卵を加え、さっくり混ぜて味をなじませる。

火を使わない

放置レシピ

ボリューミーな煮込み料理も電子レンジにおまかせ

豚バラのボリュームチリビーンズ

25分

冷蔵 4日 冷凍 1か月

材料(4人分)+作り方

1 **耐熱容器にすべての材料を入れ、ラップをせずに電子レンジで10分加熱し、よく混ぜて10分おく**
豚バラ薄切り肉(2cm幅)…300g
玉ねぎ(みじん切り)…½個
ミックスビーンズ缶(ドライパック)…200g
にんにく(みじん切り)…2片
カットトマト缶…400g
小麦粉、中濃ソース…各大さじ2
塩…小さじ⅔
チリペッパーソース…少々

放置レシピ

しっかりした塩味にレモンがアクセント

塩レモンチャーシュー

55分

冷蔵 3日 冷凍 1か月

材料(4人分)+作り方

1 **オーブンシートに合わせたAをまぶした豚バラ肉をおき、レモンをのせて包む**
豚バラかたまり肉…400g
レモン(薄切り)…2枚
A 酒…大さじ1½
砂糖…小さじ2
塩…小さじ1⅓
おろしにんにく…小さじ¼
粗びき黒こしょう…少々

2 **1のとじ目を下にして炊飯器に入れて水を注ぎ、普通に炊飯する**
水…200mℓ

メインおかず

豚ロース肉

厚切り肉でもキッチンばさみでかんたんに切れる。
短時間加熱で火を通しすぎず、余熱でしっとり仕上げる。

保存法

冷蔵：2日

小分けにしてラップで包み、保存袋に入れてチルド室へ。

冷凍：1か月

小分けにしてラップで包み、保存袋へ。

スピードテク

はさみ

すじをチョキンと切ってやわらか＆味しみ。

レンジ

短めにチン＋余熱で蒸らして、ジューシーポーク。

こんがりと焼けるスパイシーな香りがそそられる

豚肉のぎゅうぎゅう焼き

15分

冷蔵 3日　冷凍 3週間

材料(4人分)

豚ロースしょうが焼き用肉 … 400g
ズッキーニ … 2本
プチトマト … 8個
A 塩、カレー粉 … 各小さじ1
│ おろしにんにく … 少々
オリーブ油 … 大さじ2

作り方

1. 豚ロースしょうが焼き用肉は1枚を3等分に切る。ズッキーニは1.5cm厚さの輪切りにする。オーブントースターは予熱しておく。
2. ボウルに豚肉、Aを入れてからめ、ズッキーニ、オリーブ油を加えてさっくり混ぜる。
3. 耐熱容器にオーブンシートを大きめに敷いて2、プチトマトを並べ入れ、豚肉がこんがり焼けるまで8〜10分焼く。

生クリームを使っていないのに濃厚！

豚肉のマスタードクリーム

10分

冷蔵 4日　冷凍 3週間

材料(4人分)

豚ロースとんカツ用肉 … 4枚(400g)
グリーンアスパラガス … 4本
A 小麦粉 … 適量
│ 塩、こしょう … 各少々
サラダ油 … 大さじ1½
牛乳 … 130mℓ
B 粒マスタード … 大さじ½
│ 塩、こしょう … 各少々

作り方

1. 豚ロースとんカツ用肉は、めん棒でたたいて、キッチンばさみで1枚を2等分に切る。Aを順にまぶす。
2. フライパンにサラダ油を中火で熱し、豚肉を焼く。焼き目がついたらふたをして蒸し焼きにする。
3. 牛乳、キッチンばさみで食べやすく切ったグリーンアスパラガスを加えて弱中火にする。とろみがついたら火を止めてBを混ぜる。

厚切り肉でも短時間でやわらかジューシー

豚肉となすのトマト煮

15分

冷蔵 3日　冷凍 3週間

材料(4人分)

豚ロースとんカツ用肉 … 4枚(400g)
なす(揚げ・冷凍) … 250g
A カットトマト缶 … 400g
│ コンソメスープの素(顆粒)、はちみつ … 各大さじ1
│ おろしにんにく … 小さじ½
塩、こしょう … 各少々

作り方

1. 鍋に豚ロースとんカツ用肉、なす、Aを入れて煮立て、中火で10分ほど煮る。肉に火が通ったら塩、こしょうで味を調える。

時短のコツ

揚げなすは市販のものを使う。生のものを使う場合は5分レンチンしてから加える。

火を使わない

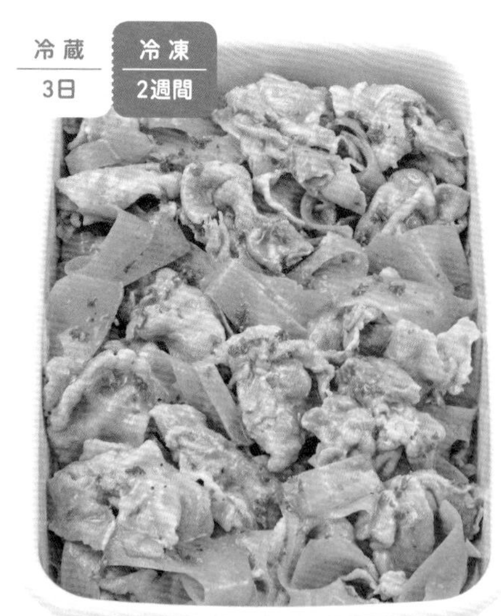

冷蔵 3日 冷凍 2週間

市販のドレッシングでアレンジマリネ

豚肉とにんじんのマリネ

10分

材料(4人分)

豚ロース薄切り肉
(しゃぶしゃぶ用)… 300g
にんじん … 1本
オリーブ油 … 大さじ½
A フレンチドレッシング(市販・透明タイプ) … 大さじ5
トマトケチャップ … 小さじ1
塩、粗びき黒こしょう … 各少々
パセリ(みじん切り) … 適量

作り方

1 豚ロース薄切り肉は長さを半分に切り、耐熱容器に入れてオリーブ油をからめ、ふんわりとラップをして電子レンジで3〜4分加熱する。

2 にんじんはピーラーでリボン状の薄切りにする。

3 ボウルに汁けをきった1、2、Aを入れてさっくりとあえる。

包丁使わない

冷蔵 3日 冷凍 1か月

ごはんに欠かせないしっかり味

カレー風味のトンテキ

10分

材料(4人分)

豚ロースとんカツ用肉
… 3枚(300g)
小麦粉 … 適量
サラダ油 … 大さじ1
A しょうゆ、酒 … 各大さじ1
トマトケチャップ、ウスターソース … 各小さじ1
カレー粉…小さじ½

作り方

1 豚ロースとんカツ用肉はキッチンばさみで1枚を5〜6等分に切って小麦粉を薄くまぶす。

2 フライパンにサラダ油を中火で熱し、1を片面2〜3分ずつこんがりと焼いて火を通す。

3 合わせたAを加え、強火で1分ほどからめる。

ワンステップ

冷蔵 3日 冷凍 2週間

あっという間に仕上がる肉じゃが

塩バター肉じゃが

15分

材料(4人分)

豚ロース薄切り肉
(しゃぶしゃぶ用)… 300g
じゃがいも … 3個
玉ねぎ … 1個
ホールコーン缶 … 120g
水 … 300mℓ
バター … 10g
みりん … 大さじ2
鶏がらスープの素(顆粒) … 小さじ1
塩 … 小さじ½
粗びき黒こしょう … 少々

作り方

[下ごしらえ]
じゃがいもはひと口大に、玉ねぎは6等分のくし形切りにする。

1 鍋にすべての材料を入れて中火にかける。ふたをずらしてのせ、じゃがいもがやわらかくなるまで10〜12分煮る。

リメイク

粗くつぶして、オリーブ油をからめたパン粉をふりかけてオーブントースターで焼くと、スコップコロッケに。

豚肉をさっぱりと食べられる

豚しゃぶときゅうりの辛子酢みそ

10分

冷蔵 3日 / 冷凍 ×

材料(4人分)

豚ロース薄切り肉(しゃぶしゃぶ用)…300g
きゅうり…2本
酒…小さじ1
A みそ…大さじ4
砂糖…大さじ3
酢…大さじ2
練り辛子…小さじ1

作り方

1 豚ロース薄切り肉は半分に切る。きゅうりは縦半分に切って斜め薄切りにする。Aは合わせる。

2 耐熱容器に豚肉を広げて酒をふりかけ、ふんわりとラップをして電子レンジで3〜4分加熱する。汁けをきってからAをからめてそのまま粗熱をとる。

3 きゅうりを加えてさっくりと混ぜる。

火を使わない

豚肉でかんたんボリューム天ぷら

豚ロースのしそ天

12分

冷蔵 4日 / 冷凍 3週間

材料(4人分)

豚ロースとんカツ用肉…4枚(400g)
青じそ…8枚
練り梅…大さじ1
天ぷら粉…適量
サラダ油…適量
A 天ぷら粉…50g
水…80mℓ

調理のポイント

練り梅は焦げやすいので、片面だけに塗って青じそをのせて仕上げる。

作り方

1 豚ロースとんカツ用肉はめん棒でたたき、キッチンばさみで1枚を4等分に切る。青じそは半分に切る。

2 豚肉の片面に練り梅を均等に塗り、1の青じそを1枚ずつのせて、天ぷら粉を薄くまぶす。

3 フライパンにサラダ油を深さ3cmほど入れて中火で熱し、合わせたAに2をくぐらせて、両面カラッと揚げ焼きにする。

包丁使わない

みんな大好きな味つけ

豚肉のナポリ炒め

10分

冷蔵 4日 / 冷凍 3週間

材料(4人分)

豚ロース薄切り肉…300g
玉ねぎ…1個
ピーマン…4個
オリーブ油…大さじ1½
A トマトケチャップ…大さじ4
水…大さじ2
めんつゆ(3倍濃縮)…大さじ½
こしょう…少々

作り方

[下ごしらえ]
豚ロース薄切り肉はひと口大に切る。ピーマンはヘタと種を除いて縦半分に切り、1cm幅に切る。玉ねぎも同様に切る。

1 フライパンにオリーブ油を中火で熱し、豚肉、玉ねぎ、ピーマンを炒める。肉に火が通ったらAを加えて炒め合わせる。

ワンステップ

メインおかず

牛こま切れ肉

切る手間いらずで炒めものや煮込み料理も短時間で火が通る。
うまみたっぷりなので、味つけをシンプルにしてスピード調理。

スピードテク

レンジ

めんつゆ、砂糖をもみ込みチンして、かんたんしぐれ煮。

保存法

冷蔵：2日

小分けにしてラップで包み、保存袋に入れてチルド室へ。

冷凍：1か月

小分けにしてラップで包み、保存袋へ。

じっくり煮込んだような味わいがレンジで

牛肉とコーンのトマト煮

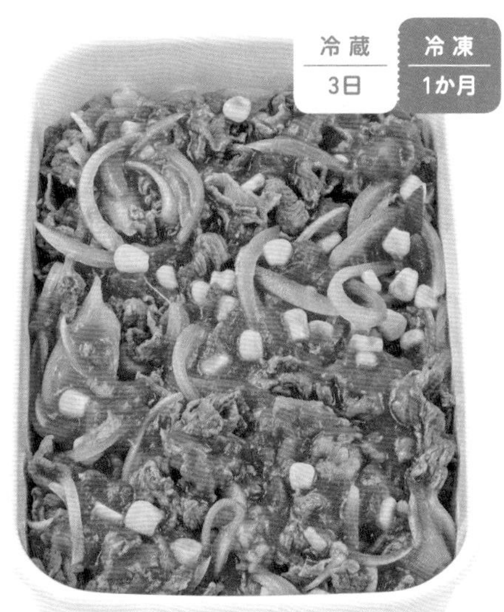

材料(4人分)

牛こま切れ肉…300g
玉ねぎ…1個
ホールコーン缶…100g
小麦粉…大さじ1
A カットトマト缶…400g
水…400mℓ
トマトケチャップ、砂糖…各大さじ2
コンソメスープの素(顆粒)…小さじ4
塩…小さじ½

作り方

1 玉ねぎは薄切りにする。
2 牛こま切れ肉、1、ホールコーン缶を耐熱容器に入れ、小麦粉をふり入れてさっくりと混ぜる。Aを加えて混ぜ、ふんわりとラップして電子レンジで6分加熱する。
3 取り出して全体を混ぜ、ふんわりとラップをしてさらに6分加熱する。

ピリ辛味で箸が止まらない

牛肉とキャベツのピリ辛ごまみそ炒め

8
分

材料(4人分)

牛こま切れ肉…300g
キャベツ…½個
サラダ油…大さじ1
A みそ、白すりごま、みりん…各大さじ1½
しょうゆ…小さじ2
ラー油…小さじ1

作り方

1 フライパンにサラダ油を中火で熱し、牛こま切れ肉、ちぎったキャベツを加えて5分炒める。
2 合わせたAを加えて1分ほど炒め、火を止めてラー油を回しかける。

こっくりおいしい和風チャプチェ

牛肉としらたきの炒め煮

15
分

材料(4人分)

牛こま切れ肉…300g
しらたき(アク抜き不要のもの)…1袋(200g)
ごま油…大さじ1
A だし汁…200mℓ
しょうゆ…大さじ3
酒、砂糖…各大さじ1

調理のポイント

しらたきを煮る前にしっかり炒めると、水分がとんで味がぼやけず保存性も高まる。

作り方

1 鍋にごま油を中火で熱し、牛こま切れ肉、キッチンばさみでざく切りにしたしらたきを加えて炒める。肉の色が変わったらAを加えて煮汁がほとんどなくなるまで煮る。

メインおかず

牛もも肉

うまみが濃いので下味をつけなくてもおいしい。
ソテーや煮込み料理にもぴったりで、水分や油分を逃さず加熱するとしっとり仕上がる。

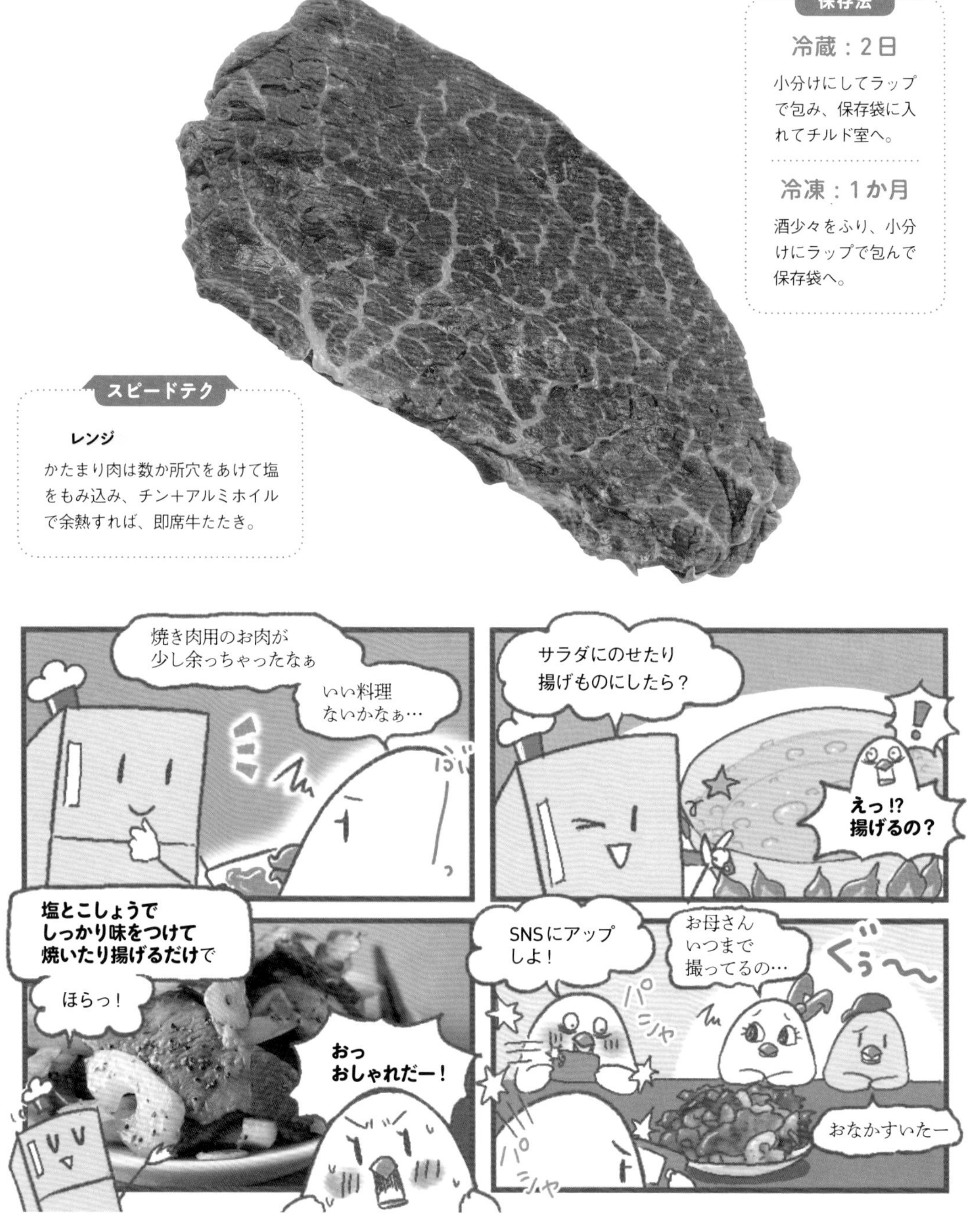

保存法

冷蔵：2日

小分けにしてラップで包み、保存袋に入れてチルド室へ。

冷凍：1か月

酒少々をふり、小分けにラップで包んで保存袋へ。

スピードテク

レンジ

かたまり肉は数か所穴をあけて塩をもみ込み、チン＋アルミホイルで余熱すれば、即席牛たたき。

カラフルな彩りでカフェ風サラダ

牛肉のコブサラダ風

材料(4人分)

牛もも薄切り肉 … 300g
トマト … 2個
きゅうり … 2本
紫キャベツ … ½個
ホールコーン缶 … 180g
塩、こしょう … 各少々
ガーリックパウダー
… 小さじ½
A マヨネーズ … 大さじ4
トマトケチャップ
… 大さじ3
レモン汁 … 小さじ2

作り方

1 牛もも薄切り肉は食べやすく切る。アルミホイルを敷いた天板に並べ、塩、こしょう、ガーリックパウダーをふってオーブントースターで4〜5分焼く。

2 トマトは1cm角、きゅうりは縦に4等分にしてから1cm幅に切る。紫キャベツは細切りにする。ホールコーン缶は缶汁をきる。

3 **1**、**2**を具材ごとに彩りよく並べる。合わせた**A**を添え、食べるときにあえる。

玉ねぎの甘みで肉を永遠に食べられる

牛ソテーのオニオンソース

材料(4人分)

牛もも肉(焼き肉用) … 400g
塩、こしょう … 各少々
サラダ油 … 大さじ1
A 玉ねぎ(すりおろし)
… 小1個分(150g)
しょうゆ … 100mℓ
酒 … 大さじ3
砂糖 … 大さじ2
はちみつ … 小さじ1

作り方

1 牛もも肉に塩、こしょうをふる。フライパンにサラダ油を中火で熱して牛肉を入れ、両面1分ずつ焼いて肉に火が通ったら取り出す。

2 **A**を**1**のフライパンに入れ、煮立ってから1分ほど中火で煮つめ、**1**の肉をもどし入れてからめる。

衣をまとった肉がうまみたっぷり

ひと口ビーフカツ

15
分

材料(4人分)

牛もも肉(焼き肉用) … 300g
塩 … 適量
こしょう … 少々
サラダ油、小麦粉、溶き卵、
パン粉 … 各適量

作り方

[下ごしらえ]
牛もも肉は塩、こしょうをふる。

1 フライパンに深さ1cmほどのサラダ油を熱し、牛肉に小麦粉、溶き卵、パン粉の順に衣をつけ、両面カラッと揚げ焼きにする。

リメイク

キャベツのせん切りとともにトーストにはさんで、ビーフカツサンドに。

メインおかず

牛ロース肉

さっと焼いたりしゃぶしゃぶにするだけで、リッチな味わいに。
かたまり肉はたたいて繊維を壊すと、時短でジューシーに仕上がる。

保存法

冷蔵：2日

小分けにしてラップで包み、保存袋に入れてチルド室へ。

冷凍：1か月

酒少々をふり、小分けにラップで包んで保存袋へ。

スピードテク

トースター

ステーキ肉は、塩、こしょうをふって両面焼き色をつける。

フライパンいらずのジューシーステーキ

牛ステーキ風

材料(4人分)

牛ロース薄切り肉 … 500g
にんにく … 1片
A オリーブ油 … 大さじ1
小麦粉、酒 … 各大さじ½
塩、おろしにんにく
… 各小さじ⅔
こしょう … 少々

作り方

1 牛ロース薄切り肉は合わせたAをもみ込み、4等分の楕円形にして平らにし、ステーキ状にする。
2 にんにくは薄切りにする。
3 耐熱容器に1を並べて2をのせ、ふんわりとラップをして、電子レンジで3～4分加熱する。

リメイク

ひと口大に切っておろしポン酢とあえ、ごはんにのせてさっぱり丼に。

火を使わない

肉とチーズの最強コンビ

牛肉とチーズのしそ春巻き

15分

材料(4人分)

牛ロース薄切り肉 … 300g
春巻きの皮 … 8枚
青じそ … 16枚
スライスチーズ … 4枚
A しょうゆ … 大さじ1½
砂糖 … 小さじ2
B 片栗粉、水 … 各小さじ1
サラダ油 … 大さじ5

作り方

1 牛ロース薄切り肉は熱湯で30秒ほどゆで、Aをからめる。
2 春巻きの皮に青じそ2枚、1、半分に切ったスライスチーズを等分にのせる。両端を折り込んで包み、Bの水溶き片栗粉でとめる。これを8本作る。
3 フライパンにサラダ油を中火で熱し、2をこんがりと色づくまで2分ほど揚げ焼きにする。

時短のコツ

切らずにすむ具材を巻くことで時短に。

包丁使わない

ごはんがすすむこと間違いなし

牛肉ときのこのしぐれ煮

7分

材料(4人分)

牛ロース薄切り肉 … 300g
しめじ、しいたけ、エリンギ
… 各1パック
A しょうゆ … 大さじ3½
砂糖、酒 … 各大さじ3
みりん … 大さじ2

作り方

[下ごしらえ]
牛ロース薄切り肉は小さめに切る。
きのこは石づきを落として手で裂く。

1 鍋にAを入れて中火にかけ、煮立ったら下ごしらえした材料を加えて5分ほど煮つめる。

リメイク

溶き卵を回しかけて半熟になるまで加熱し、卵とじに。

ワンステップ

ひき肉

切る手間いらずで、そぼろや団子状など変形自在。
シンプルな味つけでもうまみたっぷり。ローコストなのもうれしい。

保存法

冷蔵：2日
ラップでしっかり包んで、保存袋に入れてチルド室へ。

冷凍：1か月
保存袋に入れて薄くのばし、折り目をつけると使いやすい。

スピードテク

レンジ
好みの味つけでチンしてそぼろに。

トースター
円盤形に成形して焼いてハンバーグに。

なすのとろっと感がジューシーで新鮮

ラクチン春巻き

15分

冷蔵 3日　冷凍 2週間

材料(4人分)

鶏ひき肉 … 300g
なす(揚げ・冷凍) … 100g
春巻きの皮 … 8枚
A 甜麺醤 … 大さじ3
　酒、ごま油 … 各大さじ1
　おろしにんにく … 小さじ1
　塩 … 小さじ¼
サラダ油 … 適量
B 片栗粉、水 … 各小さじ1

調理のポイント

生のなすを使うときは5分レンチンしてから使う。

作り方

1. なすは耐熱容器に入れ、ふんわりとラップをして電子レンジで2分ほど加熱する。水けをきって保存袋に鶏ひき肉、Aとともに入れ、よく混ぜ合わせる。
2. 1の保存袋の角を切り、春巻きの皮に絞り出して両端を折り込んで包み、Bの水溶き片栗粉でとめる。これを8本作る。
3. 2にサラダ油をまぶし、オーブントースターできつね色になるまで7〜8分焼く。

かくし味のみそが香り高い

ひじきつくね

15分

冷蔵 3日　冷凍 1か月

材料(4人分)

鶏ひき肉 … 400g
芽ひじき(乾燥) … 10g
青じそ … 16枚
A みそ…大さじ2
　酒、片栗粉…各大さじ1
　おろししょうが…小さじ½
ごま油…大さじ1

時短のコツ

つくねは丸く成形するより、少しつぶして焼く方が火通りが早い。

作り方

1. 芽ひじきは軽く洗い、熱湯でさっともどして水けをきる。
2. ボウルに、鶏ひき肉、1、Aを入れてよく練り混ぜる。16等分に丸めてから平らにつぶし、青じそを巻きつける。
3. フライパンにごま油を中火で熱し、2を片面2〜3分ずつこんがりと焼く。ふたをして弱火で4分ほど蒸し焼きにする。

ひき肉でうまみ倍増

ひき肉の親子とじ煮

10分

冷蔵 3日　冷凍 2週間

材料(4人分)

鶏ひき肉 … 400g
卵 … 3個
A 水 … 300mℓ
　めんつゆ(3倍濃縮)
　　… 100mℓ
　砂糖 … 大さじ½
　おろししょうが … 少々

リメイク

温かいうどんにのせて。また、きのこや玉ねぎと炒め合わせてボリュームアップ。

作り方

1. フライパンにAを煮立たせ、鶏ひき肉を加えて混ぜる。ひき肉に火が通ったら、割りほぐした卵を流し入れてひと煮立ちさせ、火を止めてふたをして余熱で火を通す。

火を使わない

包丁使わない

ワンステップ

冷蔵 3日 冷凍 1か月

みそと豆板醤でラクチン本格中華

麻婆なす

15分

材料(4人分)

豚ひき肉 … 200g
なす … 3本
長ねぎ … 10cm
塩、こしょう … 各少々
A 酒 … 大さじ2
しょうゆ、みそ、豆板醤、ごま油 … 各大さじ1
砂糖、にんにく(みじん切り)、しょうが(みじん切り) … 各小さじ1
B サラダ油 … 大さじ1
塩 … 少々

作り方

1 なすは縦半分に切り、格子状に切り込みを入れてひと口大に切る。長ねぎはみじん切りにする。
2 耐熱容器に豚ひき肉、Aを混ぜ合わせ1、Bを加えてさらに混ぜ合わせる。ふんわりとラップをして電子レンジで7〜8分加熱する。
3 取り出してよく混ぜ、ラップをしてさらに3〜4分加熱し、よく混ぜ合わせたら、塩、こしょうで味を調える。

冷蔵 4日 冷凍 2週間

ひき肉のこっくり感にしば漬けが合う

ひき肉としば漬けの卵焼き

10分

材料(4人分)

豚ひき肉 … 300g
卵 … 4個
しば漬け(市販) … 70g
酒、しょうゆ … 各大さじ½
おろししょうが、こしょう … 各少々
サラダ油 … 大さじ1

作り方

1 ボウルにサラダ油以外の材料を混ぜ合わせる。
2 フライパンにサラダ油を弱中火で熱し、1を流し入れてふたをして5分ほど焼く。
3 裏返して、焼き目がつくまでさらに3分ほど焼く。粗熱がとれたら食べやすく切る。

時短のコツ

ひき肉のうまみ、しば漬けの酸味があるので、加える調味料が少なくてすむ。

冷蔵 3日 冷凍 2週間

マヨネーズで味がまとまるそぼろ風炒め

ひき肉とくずし豆腐の炒め煮

10分

材料(4人分)

豚ひき肉 … 300g
絹ごし豆腐 … 1丁(300g)
ごま油 … 大さじ1
A 塩 … 小さじ⅓
こしょう、おろししょうが、おろしにんにく … 各少々
マヨネーズ … 大さじ1½

作り方

1 フライパンにごま油を中火で熱して豚ひき肉を炒め、肉に火が通ったらAを加え、絹ごし豆腐を手で崩しながら加えて炒める。水けがなくなってきたらマヨネーズを加えて混ぜ合わせる。

リメイク

ごはんと炒めてチャーハンに。汁けをきって食パンにのせて焼いても。

口の中で肉汁のうまみが爆発

ケチャップミンチ

15分

冷蔵 4日　冷凍 1か月

材料(4人分)

合いびき肉…200g
玉ねぎ…½個
スライスマッシュルーム(水煮)…50g
トマトケチャップ…大さじ4½
小麦粉、バター、ウスターソース…各大さじ2
塩、こしょう…各少々

作り方

1 玉ねぎは1cm角に切る。
2 耐熱容器にすべての材料を混ぜ合わせ、ふんわりとラップをして電子レンジで5〜6分加熱する。
3 取り出して全体をよく混ぜ、ラップをしてさらに5〜6分加熱する。お好みでパセリのみじん切りをふる。

リメイク

カレー粉を加えて、キーマカレー風に。

ポテチで高級レストランの味

即席ミートローフ

15分

冷蔵 3日　冷凍 2週間

材料(4人分)

合いびき肉…400g
ポテトチップス(コンソメ味)…60g
パン粉…20g
牛乳…100mℓ
フライドオニオン(市販)…大さじ3
おろしにんにく…小さじ1
塩…小さじ½
こしょう…少々
A ウスターソース、トマトケチャップ…各大さじ1½

作り方

1 保存袋にA以外の材料を入れてよく練り混ぜ、ラップに移して棒状に形を整える。
2 耐熱容器に1を入れて、電子レンジで4分加熱し、上下を返してさらに4分加熱する。
3 粗熱がとれたら食べやすく切り、合わせたAのソースをかける。

焼肉のたれの力で作るスピードそぼろ

焼き肉風そぼろ

7分

冷蔵 4日　冷凍 1か月

材料(4人分)

合いびき肉…400g
ごま油…大さじ1
おろししょうが、おろしにんにく…各少々
焼き肉のたれ(市販)…90mℓ

作り方

1 フライパンにごま油を中火で熱し、合いびき肉、おろししょうが、おろしにんにくを入れて炒め、火が通ったら焼き肉のたれを加えて煮つめる。

リメイク

ナムルと卵黄と合わせてビビンバ丼に。

火を使わない

包丁使わない

ワンステップ

肉加工品

素材の塩分があるので、さっと加熱するだけでうまみが出る。
炒めものや煮込み料理なども時短でできて、使い勝手がよい。

保存法

冷蔵：3日

そのまま保存袋に入れてチルド室へ。

冷凍：1か月

ラップで包んで保存袋へ。

スピードテク

レンジ

ペーパータオルにのせてチンして、カリカリベーコン。

シャキシャキえのきの食感がいきる

えのきのベーコン巻き

材料(4人分)

ベーコン … 8枚
えのきだけ … 2袋(200g)
塩、こしょう … 各少々

時短のコツ

巻き終わりを下にして並べれば、つま楊枝などでとめずにすむ。

作り方

1 えのきだけは石づきを落とし、16等分にする。ベーコンは半分に切る。

2 ベーコンでえのきだけを巻く。これを16個作る。

3 アルミホイルを敷いた天板に2を巻き終わりを下にして並べ、塩、こしょうをふってオーブントースターで10分ほど焼く。

冷蔵 4日 冷凍 ×

火を使わない

煮込まない即席ホワイトソース

ハムとキャベツのクリーム煮

10分

材料(4人分)

ロースハム … 12枚
キャベツ … ¼個
牛乳 … 400mℓ
コンソメスープの素(顆粒) … 小さじ2
バター … 25g
小麦粉 … 大さじ3
塩、こしょう … 各少々

作り方

1 ロースハム、キャベツは手で食べやすくちぎる。

2 鍋に牛乳、コンソメスープの素、1を入れて中火で5〜6分煮る。

3 室温にもどしたバター、小麦粉を練り合わせて2に加え、とろみがつくまで加熱したら塩、こしょうで味を調える。

冷蔵 4日 冷凍 2週間

包丁使わない

昔なつかしい喫茶店の味

ウインナーとパプリカのナポリタン炒め

材料(4人分)

ウインナーソーセージ … 12本
パプリカ(赤) … 1個
玉ねぎ … ½個
ピーマン … 4個
サラダ油 … 大さじ1
A トマトケチャップ … 大さじ4
　中濃ソース … 大さじ1

リメイク

ゆでたスパゲッティと炒め合わせる。

作り方

[下ごしらえ]
ウインナーソーセージは斜め切りにし、パプリカ、玉ねぎ、ピーマンはひと口大に切る。

1 フライパンにサラダ油を中火で熱し、ソーセージ、パプリカ、玉ねぎ、ピーマンを3分ほど炒め、Aを加えて炒め合わせる。

冷蔵 3日 冷凍 1か月

ワンステップ

冷蔵 2日 冷凍 ×

さわやかなレモン風味でもりもり食べられる

ハムとレタスのレモンマリネ

材料(4人分)

ロースハム … 12枚
レタス … ½玉
レモン … ½個
A 酢 … 100mℓ
オリーブ油 … 大さじ4
砂糖 … 小さじ2
塩 … 小さじ½
こしょう … 少々

作り方

1 ロースハムはいちょう切りにし、レタスは手でちぎる。レモンは薄い半月切りにする。

2 ボウルにAを混ぜ合わせ、1を加えてあえる。

リメイク

コンソメスープとともに煮て酸味のきいたオリエンタルスープに。

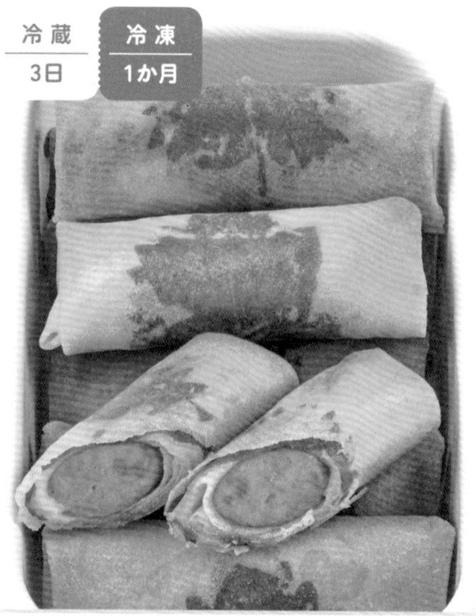

冷蔵 3日 冷凍 1か月

調味料なしでもうまみ炸裂

ウインナーとチーズと青じその春巻き

15分

材料(4人分)

ウインナーソーセージ … 8本
春巻きの皮 … 8枚
スライスチーズ
（とろけるタイプ）… 4枚
青じそ … 8枚
A 片栗粉、水 … 各小さじ1
サラダ油 … 適量

作り方

1 スライスチーズは手で半分に裂く。春巻きの皮に青じそ、スライスチーズ、ウインナーソーセージの順にのせて両端を折り込んで包み、Aの水溶き片栗粉でとめる。これを8本作る。

2 フライパンにサラダ油を深さ2cmほど入れて中火で熱し、1を揚げ焼きにする。

冷蔵 3日 冷凍 1か月

きのこのうまみで油までおいしい

ベーコンときのこのアヒージョ

材料(4人分)

ベーコン … 6枚
しめじ、まいたけ
… 各½パック
にんにく … 1片
オリーブ油 … 200mℓ
塩 … 小さじ½

リメイク

ゆでたスパゲッティとあえてアーリオ・オーリオ風に。

作り方

［下ごしらえ］
ベーコンは長さを半分に切る。きのこは石づきを落としてほぐす。にんにくは半分に切る。

1 きのこをベーコンで巻いてつま楊枝でとめ、オリーブ油、にんにく、塩を入れて中火で熱したフライパンに並べ、ときどき転がしながら10分ほど加熱する。

マスタードの粒感と酸味がアクセント

ベーコンのマスタードポテト

15分

冷蔵 4日　冷凍 2週間

材料(4人分)

ベーコン … 8枚
じゃがいも … 2個
玉ねぎ … ½個
粒マスタード … 大さじ2
塩、こしょう … 各少々

作り方

1. じゃがいもは皮をむいてひと口大に切り、玉ねぎはくし形切りにして耐熱容器に入れる。ふんわりとラップをして電子レンジで6分加熱し、水けをきる。
2. ひと口大に切ったベーコンを1に加えてラップをしてさらに2分加熱し、粒マスタード、塩、こしょうであえる。

リメイク

ピザ用チーズをのせてトースターで焼いたり、サンドイッチの具材にしても。

火を使わない

はんぺんも入れて、低コストかさ増し

ハムカツ

10分

冷蔵 3日　冷凍 1か月

材料(4人分)

ロースハム … 8枚
はんぺん … 2枚
A 溶き卵 … 2個分
　小麦粉 … 大さじ5
　サラダ油 … 大さじ1
　塩 … 小さじ⅔
　こしょう … 少々
パン粉 … 適量
サラダ油 … 適量

作り方

1. はんぺんはキッチンばさみで切り目を入れて厚さを半分に切り、十字に4等分に切る。ハムも同様に十字に4等分に切る。
2. ハム2切れではんぺん1切れをはさみ、合わせたAにくぐらせてパン粉をまぶす。
3. フライパンにサラダ油を深さ3cmほど入れて中火で熱し、2を両面カラッと揚げ焼きにする。

包丁使わない

煮込んでうまみ凝縮

ウインナーと大豆のトマト煮

10分

冷蔵 4日　冷凍 1か月

材料(4人分)

ウインナーソーセージ … 8本
大豆(水煮) … 150g
カットトマト缶 … 400g
コンソメスープの素(顆粒)、
　オリーブ油 … 各小さじ2
おろしにんにく … 小さじ1

作り方

[下ごしらえ]
ウインナーソーセージは斜め半分に切る。

1. 鍋にすべての材料を入れて中火で7〜8分煮て、お好みでパセリ(乾燥)をふる。

リメイク

カレー粉と水を加えて煮込んで、ウインナーカレーに。

ワンステップ

COLUMN.01

\ 15分以内でできる /

便利な1品めし

手早く仕上がって1品で大満足な主食を紹介します。

炒めたようなパラパラ感

レンジ高菜チャーハン

冷蔵 3日 / 冷凍 1か月 / 15分

材料(2人分)

ごはん … 300g
卵 … 1個
高菜漬け … 60g
長ねぎ … ½本
A しょうゆ … 大さじ½
鶏がらスープの素(顆粒) … 小さじ1
ごま油 … 大さじ1

作り方

1 高菜漬け、長ねぎは粗みじん切りにする。

2 深めの耐熱容器に卵を溶きほぐし、Aを加えて混ぜる。ごはんと1の長ねぎを加えて混ぜ、耐熱容器にはりつけるようにして広げる。ふんわりとラップをして、電子レンジで3分加熱する。

3 取り出して1の高菜漬けを加えて混ぜ、2と同様に広げる。ラップをせずにさらに4分加熱したら、取り出してよく混ぜる。

魚介とチーズのうまみが溶け込む

シーフードカレーリゾット

15分 / 冷蔵 3日 / 冷凍 1か月

材料(2人分)

ごはん … 200g
シーフードミックス(冷凍) … 150g
玉ねぎ … ¼個
オリーブ油 … 大さじ1
A 水 … 250㎖
カレールウ(市販) … 30g
コンソメスープの素(顆粒) … 小さじ1
ピザ用チーズ … 40g

作り方

1 玉ねぎはみじん切りにする。

2 フライパンにオリーブ油を中火で熱して玉ねぎを炒め、シーフードミックス、Aを加えて煮立てる。

3 ごはんを加えて混ぜながら煮つめ、汁けがなくなったらピザ用チーズを加えて混ぜる。

肉がなくてもやみつきな味わい

肉巻き風焼きおにぎり

冷蔵 3日　冷凍 1か月　15分

材料（2人分）

ごはん … 400g
白いりごま … 大さじ2
ごま油 … 大さじ½
焼き肉のたれ（市販）
　… 大さじ2½

作り方

1 ごはんに白いりごまを加え、混ぜ合わせて4等分にし、軽くぬらした手で円形ににぎる。

2 フライパンにごま油を中火で熱し、1を並べて両面よく焼く。

3 焼き肉のたれを2の両面に少しずつ塗りながら、弱火でこんがりと焼く。

15分　冷蔵 3日　冷凍 1か月

刺身が余った次の日に

まぐろのしょうが焼き丼

材料（2人分）

ごはん … 300g
まぐろ（刺身用・切り身）
　… 200g
A しょうゆ … 大さじ2
　みりん … 大さじ1
　おろししょうが
　　… 小さじ1
　おろしにんにく
　　…小さじ½
サラダ油…大さじ1
焼きのり…1枚
小ねぎ（小口切り）… 少々

作り方

1 バットにAを混ぜ合わせ、まぐろを5分ほど漬ける。

2 フライパンにサラダ油を中火で熱して1のたれをぬぐったまぐろを焼く。こんがりと焼き色がついたらたれを加えて煮からめる。

3 器にごはんを盛り、ちぎった焼きのりを敷いて2をのせ、小ねぎを添える。

トロトロなカフェ風オムライス

お手軽半熟オムライス

冷蔵 3日　冷凍 ×　15分

材料（2人分）

ごはん … 300g
ウインナーソーセージ … 4本
溶き卵 … 3個分
A ミックスベジタブル（冷凍）
　　… 40g
　トマトケチャップ … 大さじ4
　コンソメスープの素（顆粒）
　　… 小さじ1
B 牛乳 … 大さじ1
　塩、こしょう … 各少々
サラダ油 … 大さじ1

作り方

1 深めの耐熱容器にごはん、キッチンばさみで小口切りにしたウインナーソーセージ、Aを入れてよく混ぜ合わせ、ふんわりとラップをして、電子レンジで3分加熱する。

2 溶き卵にBを加えてよく混ぜる。1を器に等分に盛る。

3 フライパンにサラダ油を熱して2の卵液の半量を流し入れ、大きくかき混ぜる。半熟状になったら2のケチャップライスの上にのせる。同様にしてもう1つ作る。お好みでトマトケチャップをかける。

缶汁ごと使えば、速攻で味が決まる

ボンゴレうどん

冷蔵 3日 冷凍 1か月 15分

材料(2人分)

うどん(ゆで)… 2玉
あさり缶(水煮)… 130g
オリーブ油 … 大さじ2
おろしにんにく … 小さじ½
赤唐辛子(種を除き小口切り)… 1本分
白ワイン … 50mℓ
塩 … 小さじ¼
こしょう … 少々
青じそ(せん切り)… 4枚分

作り方

1 フライパンにオリーブ油、おろしにんにく、赤唐辛子を加えて弱中火で熱して、香りが立ったらうどん、缶汁ごとのあさり缶、白ワインを加え、ふたをして中火で5分蒸し焼きにする。

2 ふたをはずし、うどんをほぐして軽く水けをとばし、塩、こしょうで味を調える。器に盛り、青じそをのせる。

めんつゆでかんたんに和の味わいをプラス

クリーム明太ペンネ

材料(2人分)

ペンネ(早ゆで用)… 160g
辛子明太子 … 1本
生クリーム … 大さじ2
めんつゆ(3倍濃縮)… 大さじ1
バター … 10g
刻みのり … 少々

作り方

1 ペンネは表示通りにゆでる。

2 ボウルに薄皮を除いてほぐした辛子明太子、生クリーム、めんつゆを加えてよく混ぜ合わせる。

3 1がゆであがったらしっかりと水けをきり、バターとともに2に加えてよく混ぜ合わせる。器に盛り、刻みのりを散らす。

冷蔵 3日 冷凍 1か月 15分

レンジから漂う食欲そそる香り

ソース焼きそば

冷蔵 3日 冷凍 1か月 15分

材料(2人分)

中華麺(蒸し)… 2玉
豚こま切れ肉 … 100g
キャベツ … 4枚
にんじん … ¼本
A 中濃ソース … 大さじ3
　ウスターソース … 大さじ2
紅しょうが … 適量

作り方

1 キャベツはざく切りに、にんじんは皮をむいて短冊切りにする。

2 耐熱容器にほぐした中華麺、1を順に入れる。豚こま切れ肉を広げてのせ、Aを回し入れる。ふんわりとラップをして、電子レンジで4分加熱する。

3 取り出して麺をほぐしながら全体をよく混ぜる。ラップをしてさらに3〜4分加熱したら、さっと混ぜて器に盛り、紅しょうがをのせる。

朝食にもぴったりなこっくりトースト

タルタルチーズマフィン

材料(2人分)

- イングリッシュマフィン … 2個
- ゆで卵 … 2個
- タルタルソース(市販) … 大さじ3
  ※マヨネーズ大さじ3、粒マスタード大さじ1で代用可
- 塩、パセリ(乾燥) … 各少々
- ピザ用チーズ … 20g

作り方

1 ボウルにゆで卵を入れてフォークでつぶす。タルタルソースを加えて混ぜ合わせ、塩で味を調える。

2 イングリッシュマフィンは厚さを半分に切り、1を等分にのせてピザ用チーズをのせる。

3 2をオーブントースターで7分ほど焼いて器に盛り、パセリを散らす。

冷蔵 3日 冷凍 1か月 15分

ガーリックバターがジュワっとしみでる

ガーリックトースト

材料(2人分)

- バゲット … 20cm
- バター(室温にもどす) … 20g
- A パセリ(みじん切り) … 小さじ1
- A おろしにんにく … 小さじ½
- A こしょう … 少々

作り方

1 バゲットは半分の長さに切り、さらに縦半分に切って切り込みを数か所入れる。

2 ボウルにバター、Aを練り合わせる。

3 1のバゲットの切り込みに2を塗り、オーブントースターで焼き色がつくまで3〜4分ほど焼く。

冷蔵 3日 冷凍 1か月 15分

食べやすいサイズ感に具材たっぷり

ミニキャベツドック

材料(2人分)

- バターロール … 4個
- ウインナーソーセージ … 4本
- キャベツ … 2枚
- サラダ油 … 大さじ1
- 塩、粗びき黒こしょう … 各少々
- トマトケチャップ … 適量

作り方

1 ウインナーソーセージは斜めに切り込みを入れ、キャベツはせん切りにする。

2 フライパンにサラダ油を熱してキャベツを炒め、しんなりとしたら塩、粗びき黒こしょうをふる。キャベツを端に寄せ、ウインナーもいっしょに炒める。

3 バターロールに切り込みを入れて2のキャベツ、ウインナーを順にはさみ、トマトケチャップをかける。

冷蔵 3日 冷凍 1か月 15分

メインおかず

鮭

**トースター焼き、レンチン蒸し調理でうまみたっぷり。
酒をふってから加熱すると、しっとり仕上がる。**

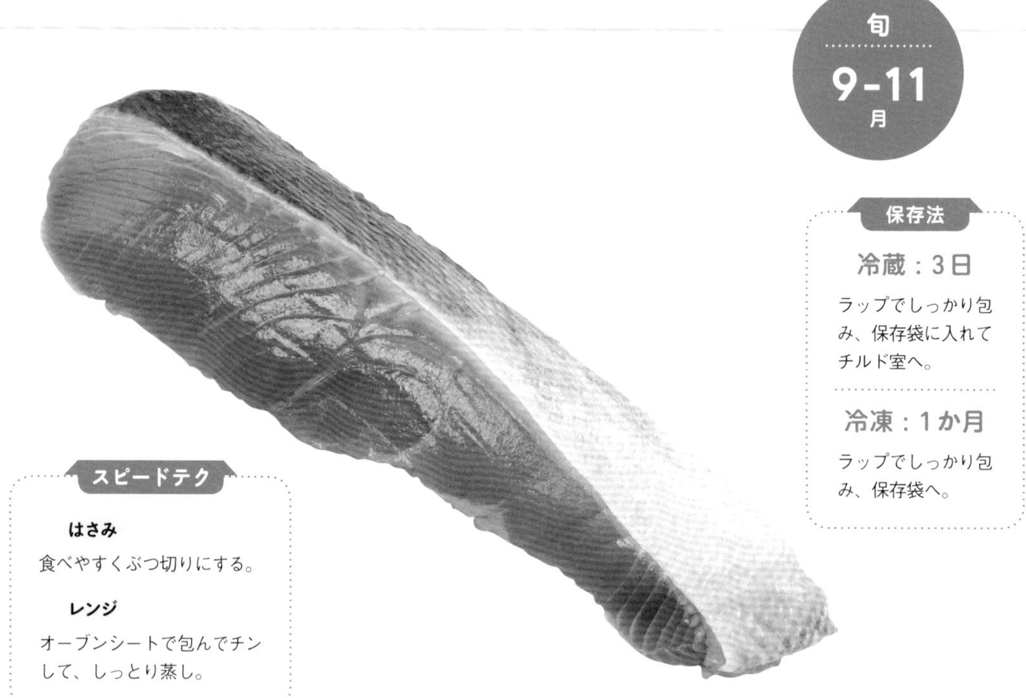

旬
9-11
月

保存法

冷蔵：3日

ラップでしっかり包み、保存袋に入れてチルド室へ。

冷凍：1か月

ラップでしっかり包み、保存袋へ。

スピードテク

はさみ

食べやすくぶつ切りにする。

レンジ

オーブンシートで包んでチンして、しっとり蒸し。

塩昆布でラクラク味つけ

鮭ともやしのナムル風

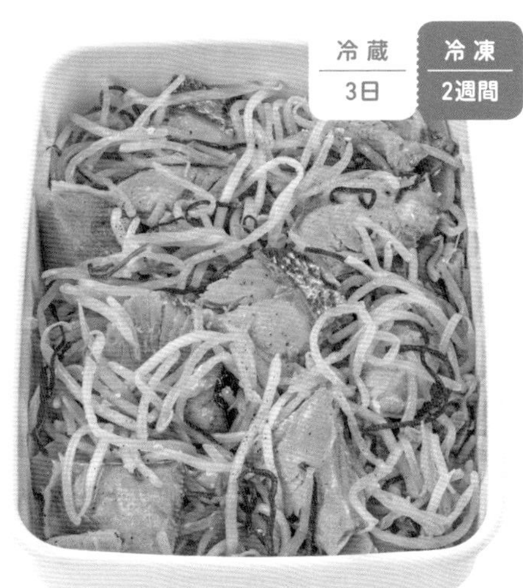

材料(4人分)

生鮭 … 4切れ(400g)
もやし … 2袋
酒 … 大さじ2
A ごま油 … 大さじ2
塩昆布(市販) … 大さじ1
鶏がらスープの素(顆粒) … 小さじ1
粗びき黒こしょう … 少々

作り方

1 耐熱容器にもやし、生鮭、酒の順に入れ、ふんわりとラップをし、電子レンジで8分加熱する。

2 取り出して汁けをきり、鮭を食べやすくキッチンばさみで切り分ける。合わせたAを加えて、よく混ぜ合わせる。

調理のポイント

加熱して熱いうちに調味料を混ぜ合わせることで、味しみが早くなる。

鮭が韓国風に大変身

鮭のチーズタッカルビ風

材料(4人分)

生鮭 … 4切れ(400g)
キャベツ … 500g
塩、こしょう … 各少々
A 焼き肉のたれ(市販) … 大さじ4
コチュジャン … 大さじ2
おろしにんにく … 少々
ピザ用チーズ … 100g

調理のポイント

強中火で加熱すると食材の水分がしっかりとんで、水っぽくならない。

作り方

1 フライパンに生鮭をのせて塩、こしょうをふり、キャベツをちぎりながらのせる。

2 1に合わせたAを加え、強中火で5分ほど加熱する。

3 鮭に火が通ったら火を止めて、ピザ用チーズを加えてふたをして蒸らす。

油でコーティングしてジューシーに

鮭のオイル焼き

12
分

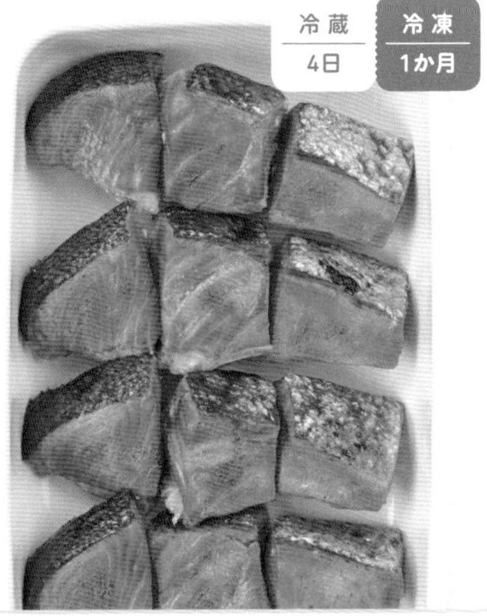

材料(4人分)

甘塩鮭 … 4切れ(400g)
酒、サラダ油 … 各大さじ1

時短のコツ

酒をふると、臭みをとるのと同時に短時間でしっとりやわらかく仕上がる。

作り方

[下ごしらえ]
甘塩鮭は3等分に切って酒をふり、少しおいて水けをふき取る。

1 アルミホイルを敷いた天板に鮭を並べてサラダ油をまぶし、オーブントースターで7〜8分焼く。

火を使わない
包丁使わない
ワンステップ

火を使わない

シャキシャキ玉ねぎとエスニックソースをからめて

揚げ鮭の甘酢ソースがけ

材料(4人分)

生鮭 … 4切れ(400g)
玉ねぎ … ½個
塩、こしょう … 各少々
片栗粉 … 大さじ2
サラダ油 … 大さじ3
A スイートチリソース … 大さじ4
　酢…大さじ2

時短のコツ

オーブントースターで揚げ焼き風にするので、油の処理いらず。

作り方

1 生鮭をひと口大に切り、塩、こしょうをふる。片栗粉、サラダ油を順にまぶしてアルミホイルを敷いた天板にのせ、オーブントースターで8〜9分焼く。

2 玉ねぎは薄切りにする。ボウルに入れ、Aと混ぜ合わせて1にかける。

包丁使わない

漬けなくてもみその風味がしみわたる

鮭の即席みそ焼き

12分

材料(4人分)

生鮭 … 4切れ(400g)
塩 … 少々
A みそ … 大さじ3
　砂糖、酒 … 各大さじ2

調理のポイント

みそを塗って焼くときに焦げそうになったら、アルミホイルをかぶせるとよい。

作り方

1 アルミホイルを敷いた天板に生鮭を並べて塩をふり、オーブントースターで4分焼く。

2 1に合わせたAの半量を塗って、3分焼く。残りのAを塗り、さらに3分焼く。

ワンステップ

鮭、しいたけ、にんにくのトリプルうまみ

鮭のガーリックソテー

10分

材料(4人分)

生鮭 … 4切れ(400g)
しいたけ … 6枚
塩、こしょう … 各少々
小麦粉 … 大さじ2
おろしにんにく … 小さじ1
オリーブ油 … 大さじ4
粉チーズ … 大さじ2

リメイク

鮭をざっくりとほぐし、ゆでたスパゲッティとからめる。

作り方

[下ごしらえ]
生鮭は塩、こしょうをふり、小麦粉をまぶす。しいたけは石づきを落として手で裂く。

1 フライパンにオリーブ油、おろしにんにく、生鮭を入れて中火で両面こんがりと焼き、しいたけ、粉チーズを加えて炒め合わせる。

甘いコーンに鮭のうまみがマッチ

鮭のコーンクリーム煮

15分

冷蔵 3日　冷凍 3週間

材料(4人分)

甘塩鮭 … 4切れ(400g)
玉ねぎ … ½個
しめじ … 1パック
サラダ油 … 大さじ1
A コーンクリーム缶 … 190g
　牛乳 … 100mℓ
　コンソメスープの素(顆粒) … 小さじ2
塩 … 小さじ¼
こしょう … 少々

作り方

1 玉ねぎは薄切りに、しめじは石づきを落としてほぐす。

2 耐熱容器に玉ねぎを敷いて甘塩鮭をのせ、サラダ油をまぶす。ラップをせずに電子レンジで3分加熱する。

3 取り出してしめじ、合わせたAを加える。ふんわりとラップをしてさらに5分加熱し、塩、こしょうで味を調える。

火を使わない

放置レシピ

北海道の定番料理をさくっとご家庭で

鮭のオーブンちゃんちゃん焼き

25分

冷蔵 3日　冷凍 2週間

材料(4人分)+作り方

1 **アルミホイル4枚に材料を等分にのせる**
生鮭 … 4切れ(400g)
もやし … 1袋
キャベツ(ひと口大) … 4枚
にら(3cm長さ) … ½束

2 **合わせたAとバターを等分にのせて包み、250℃に予熱したオーブンで15分焼く**
A みそ … 大さじ4
　砂糖、酒 … 各大さじ2
　おろししょうが … 少々
バター … 25g

放置レシピ

ゴロゴロ具材もほっくりやわらか

鮭のクリームシチュー

65分

冷蔵 3日　冷凍 1か月

材料(4人分)+作り方

1 **炊飯器に食材、合わせたA、バターを入れて普通に炊飯する**
生鮭(塩、こしょう各少々ふる) … 4切れ(400g)
かぶ(葉を1cm残し、2等分) … 小2個
玉ねぎ(4等分) … 1個
にんじん(1cm厚さの輪切り) … 小1本
A 水、牛乳 … 各400mℓ　小麦粉 … 大さじ4
　コンソメスープの素(顆粒) … 小さじ4
バター … 20g

2 **粉チーズを加えて混ぜる**
粉チーズ … 適量

メインおかず

ぶり

酒をふれば湯通ししなくても臭みが出にくい。煮ても焼いてもおいしく、脂のりがよい、他の食材にうまみをプラスできる優秀食材。

旬
12-2
月

保存法

冷蔵：3日

ラップでしっかり包み、保存袋に入れてチルド室へ。

冷凍：1か月

ラップでしっかり包み、保存袋へ。

スピードテク

レンジ

酒、しょうゆ、みりんで味つけして、チンしてスピードぶり照り。

ごはんをおかわりしたくなる濃厚な味わい

ぶりのねぎみそ トースター焼き

冷蔵 3日　冷凍 2週間

材料(4人分)

ぶり … 4切れ(400g)
長ねぎ … ½本
酒 … 大さじ1
A みそ … 大さじ2
　砂糖 … 大さじ1
　しょうゆ … 大さじ½
　ごま油 … 小さじ1

作り方

1. ぶりは酒をふり、ペーパータオルで水けをふき取る。
2. 長ねぎはみじん切りにし、Aと混ぜ合わせる。
3. 1の表面に2を塗り、アルミホイルを敷いた天板にのせ、オーブントースターで8〜10分焼く。

リメイク

ピザ用チーズをのせて焼いて、さらにこっくり味に。

外はカリッとスパイシーで中はふんわり

ぶりのカレームニエル

12
分

冷蔵 3日　冷凍 2週間

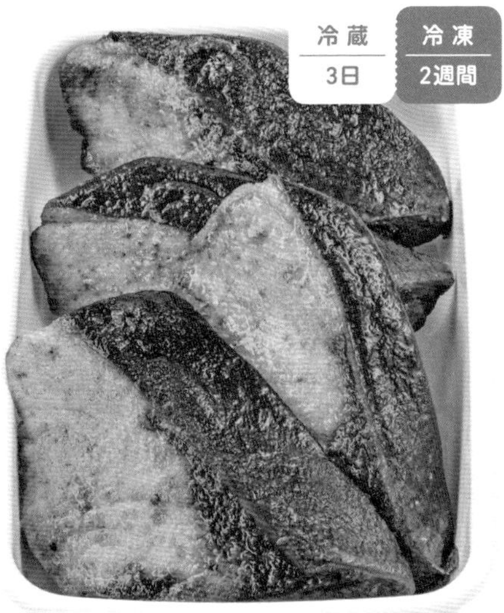

材料(4人分)

ぶり … 4切れ(400g)
塩 … 小さじ½
こしょう … 少々
A 小麦粉 … 大さじ2
　カレー粉 … 小さじ2
サラダ油 … 大さじ½
バター … 5g

作り方

1. ぶりは塩、こしょうをふり、合わせたAをまんべんなくまぶす。
2. フライパンにサラダ油とバターを熱し、1を入れて中火で3〜4分焼く。焼き色がついたら裏返して同様に焼く。

調理のポイント

バターだけだと焦げやすいのでサラダ油も合わせて使う。

やさしい風味とにんにくのパンチが絶妙

ぶりのにんにくしょうゆ煮

冷蔵 3日　冷凍 2週間

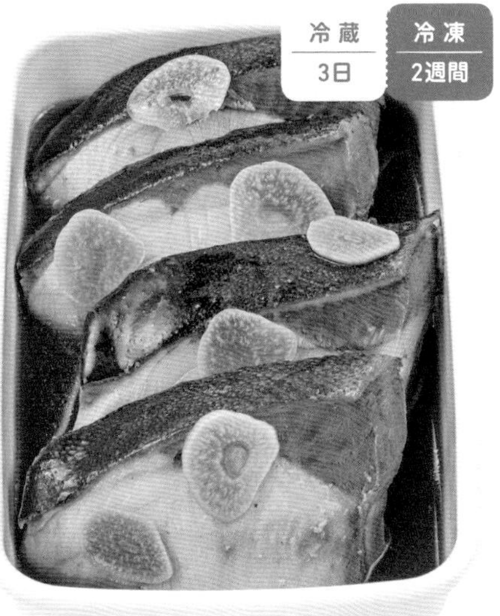

材料(4人分)

ぶり … 4切れ(400g)
にんにく … 2片
A 水 … 200ml
　酒 … 50ml
　しょうゆ、みりん
　　… 各大さじ2
　砂糖 … 小さじ2
　和風だしの素(顆粒)
　　… 小さじ1

作り方

[下ごしらえ]
にんにくは薄切りにする。

1. 鍋ににんにく、Aを入れて煮立て、ぶりを加えて落としぶたをしてときどき煮汁をかけながら12分ほど煮る。

調理のポイント

ときどき煮汁をかけながら煮ると、味が均一にしみ込む。

メインおかず

たら

**身がやわらかくて淡白なのでどんな味つけでも合う。
レンジ調理なら身崩れも防げるので、使い勝手バツグン。**

旬
12-1月

保存法

冷蔵：2日
軽く塩をふってペーパータオルとラップで包み、チルド室へ。

冷凍：1か月
酒少々をふり、ラップで包んで保存袋へ。

スピードテク

レンジ
短時間加熱でしっとりと。

トースター
パン粉をまぶして焼いて、カリカリに。

香味野菜がたらを引き立てる

たらの香味ポン酢がけ

10分

冷蔵 3日 冷凍 2週間

材料(4人分)

生たら … 4切れ(400g)
しょうが … 1片
長ねぎ … ½本
塩 … 少々
A ポン酢しょうゆ … 大さじ4
ごま油 … 大さじ1
砂糖 … 小さじ1

作り方

1 生たらは塩をふり、ペーパータオルで水けをふき取る。
2 しょうが、長ねぎはみじん切りにする。
3 耐熱容器に1を並べ入れ、2を散らして合わせたAをかける。ふんわりとラップをして、電子レンジで5〜6分加熱する。

調理のポイント

電子レンジで加熱しすぎるとパサつくので、短時間ずつ様子を見ながら加熱しても。

ピリ辛の刺激がたまらない

たらのピリ辛ケチャ炒め

15分

冷蔵 4日 冷凍 3週間

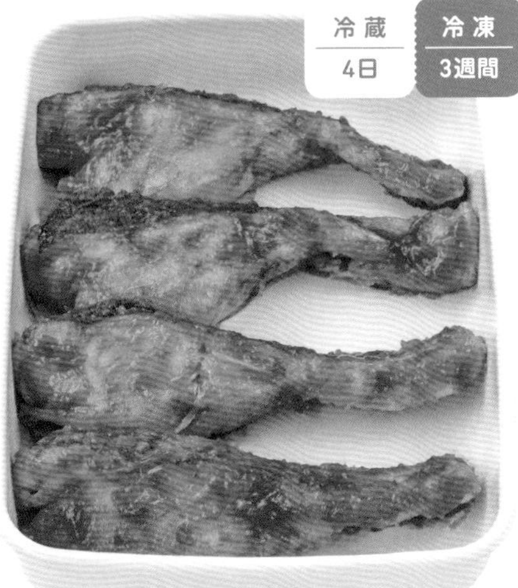

材料(4人分)

生たら … 4切れ(400g)
塩 … 少々
片栗粉、サラダ油 … 各適量
A トマトケチャップ … 大さじ4
酒 … 大さじ1
豆板醤、砂糖 … 各小さじ1
しょうゆ、鶏がらスープの素(顆粒) … 各小さじ½
おろしにんにく、おろししょうが … 各小さじ¼

作り方

1 生たらは塩をふってペーパータオルで水けをふき取り、片栗粉をまぶす。
2 フライパンにサラダ油を弱中火で熱し、たらを片面3〜4分ずつ焼く。
3 両面焼き色がついたら合わせたAを回し入れ、煮からめる。

チーズとのりでうまみあふれる

たらの青のりピカタ

15分

冷蔵 3日 冷凍 2週間

材料(4人分)

甘塩たら … 4切れ(400g)
A 溶き卵 … 2個分
粉チーズ … 大さじ2
青のり … 小さじ1
オリーブ油 … 大さじ1

作り方

[下ごしらえ]
甘塩たらは、3等分に切ってペーパータオルで水けをふき取る。Aは混ぜ合わせる。

1 フライパンにオリーブ油を中火で熱し、Aをくぐらせたたらを両面こんがりと焼く。

時短のコツ

塩たらを使えば、下味をつける手間が省ける。

メインおかず

めかじき

身がしっかり＆骨がないので扱いやすい。
煮崩れしにくく、放置調理にもおすすめ。

旬
7-9月

スピードテク

レンジ

甘辛味つけでチンして煮つけに。

トースター

塩、こしょうして焼いて、ステーキ風に。

保存法

冷蔵：3日

ペーパータオルとラップで包み、チルド室へ。

冷凍：1か月

酒少々をふり、ラップで包んで保存袋へ。

バターと白ワインで高級フレンチ風

めかじきのムニエル

10分

冷蔵 4日 冷凍 2週間

材料(4人分)

めかじき…4切れ(400g)
にんじん…½本
塩、こしょう…各少々
小麦粉…適量
A バター…25g
白ワイン…大さじ1
コンソメスープの素(顆粒)…小さじ½

作り方

1 めかじきは塩、こしょうをふり、小麦粉を薄くまぶす。にんじんは皮をむいて1cm厚さの輪切りにする。

2 耐熱容器に1を並べてAを加える。ふんわりとラップをして、電子レンジで4〜6分加熱し、お好みでパセリのみじん切りをふる。

リメイク

あさりやプチトマト、にんにくとともにオリーブ油と白ワインで煮込んでアクアパッツァ風に。

保存袋を使って手を汚さずラクうま

めかじきのチーズパン粉焼き

10分

冷蔵 3日 冷凍 1か月

材料(4人分)

めかじき…4切れ(400g)
塩、こしょう…各少々
パン粉…大さじ5
粉チーズ…大さじ3
オリーブ油…大さじ4

リメイク

せん切り野菜といっしょに南蛮酢に漬け込んで南蛮漬けに。

作り方

1 めかじきはキッチンばさみでひと口大に切って保存袋に入れ、塩、こしょうをふる。パン粉、粉チーズを加えて袋をふって全体にまぶし、袋の上から押さえて衣をしっかりとつける。

2 フライパンにオリーブ油を中火で熱し、1を3分ほど焼いて裏返し、さらに2分ほど焼く。

フライパンひとつでコクうま照り焼き

めかじきのケチャップ照り焼き

8分

冷蔵 3日 冷凍 1か月

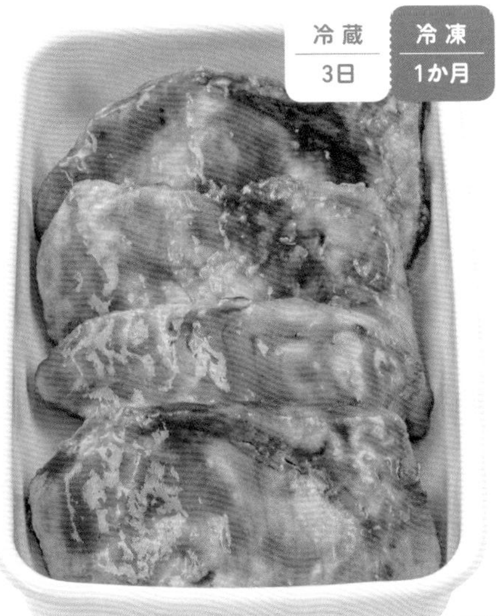

材料(4人分)

めかじき…4切れ(400g)
バター…20g
小麦粉…大さじ1
A トマトケチャップ…大さじ2
しょうゆ、白ワイン、砂糖…各大さじ1

作り方

1 フライパンにバターを入れて中火で溶かし、めかじきを並べて小麦粉をふる。上下を返しながら4〜5分焼き、火が通ったら弱火にしてAを加えてからめる。

調理のポイント

調味料を加えると、焦げやすいので弱火で調理する。

メインおかず

さば

酒をふったり、レンチンして余熱で蒸せば、時短でしっとり。
香味野菜をプラスするだけで臭み軽減。

旬
10～2月

保存法

冷蔵：1日
汁けをふき、ペーパータオルとラップで包んでチルド室へ。

冷凍：1か月
切り身にしてラップでしっかり包み、保存袋へ。

スピードテク

はさみ
皮に切り目を入れると味がしみやすくなる。

レンジ
香味野菜とチンして臭み消し。

たっぷりの香味野菜でさばをさわやかに

さばの香味蒸し

10分

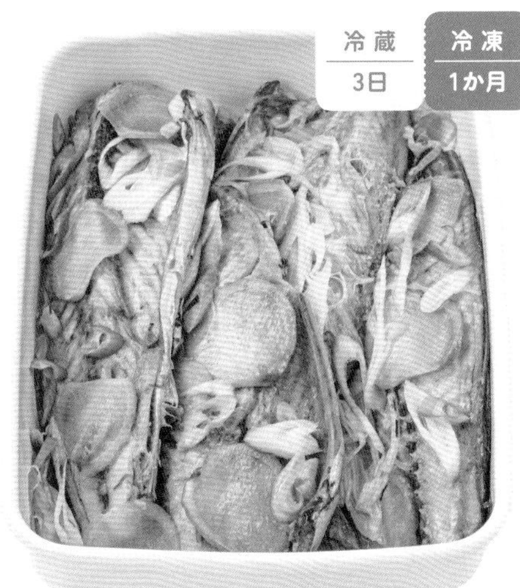

材料(4人分)

生さば(半身)… 4枚(600g)
長ねぎ … 1本
しょうが … 1片
塩 … 小さじ1
酒 … 大さじ2

作り方

1 長ねぎは斜め薄切り、しょうがは薄切りにする。

2 オーブンシートに生さばを1枚ずつのせて塩、1、酒の順に等分にのせてしっかりと包む。

3 2を電子レンジで6分加熱する。

リメイク

さばの身をほぐして砂糖、しょうゆ、みりんとともに電子レンジで加熱してふりかけに。

火を使わない

市販品をうまく使って本格的な一品に

さばと野菜のスイートチリ

材料(4人分)

生さば(半身)… 3枚(450g)
グリーンアスパラガス … 8本
なす(揚げ・冷凍)… 120g
サラダ油 … 大さじ4
A 片栗粉 … 大さじ3
塩 … 小さじ1
こしょう … 少々
スイートチリソース … 大さじ6

作り方

1 グリーンアスパラガスは半分に折り、フライパンにサラダ油を中火で熱し、揚げ焼きにして取り出す。なすは耐熱容器に入れ、ラップをせずに電子レンジで2分ほど加熱する。

2 生さばはキッチンばさみで食べやすく切ってAとともに保存袋に入れる。よくふって衣をつけ、1のフライパンで揚げ焼きにする。

3 1、2をボウルに入れスイートチリソースを加えてよくからめる。

包丁使わない

外はカリッと、中はしっとり

さばのコンフィ

12分

材料(4人分)

塩さば(半身)… 3枚(450g)
にんにく … 2片
しょうが … ½片
赤唐辛子(種を除く) … 1本分
オリーブ油 … 100ml

作り方

[下ごしらえ]
塩さばは3cm幅に切る。にんにくは縦半分に切り、しょうがは薄切りにする。

1 フライパンに塩さば以外の材料を入れて弱火で熱し、香りが立ったらさばを皮目から入れ、焼き色がついたら裏返してふたをして煮る。

リメイク

さばを粗めにほぐしてごはんと炒め合わせ、洋風チャーハンに。

ワンステップ

メインおかず

えび・いか・シーフードミックス

下処理済みの冷凍ものも多く売られていて、包丁いらずでうれしい。短時間加熱でうまみをしっかり出してかたくなるのを防ぐと◎

スピードテク

はさみ

下処理や小さく切るのにも使える。

トースター

しょうゆを塗って焼いて、屋台風焼き。

保存法

冷蔵：1日

下処理をして、ペーパータオルを敷いたバットに並べてラップをしてチルド室へ。

冷凍：1か月

下処理をして汁けをふき、ラップで包んで保存袋へ。

ごはんだけでなく、お酒もすすんじゃう

いかのキムチマリネ

6分

冷蔵	冷凍
3日	2週間

材料(4人分)

カットいか(冷凍)… 300g
貝割れ大根 … 1パック
白菜キムチ … 200g
酒 … 大さじ½
ポン酢しょうゆ … 大さじ1

リメイク

細かく刻んで、小麦粉、水と混ぜ合わせてひと口大に焼いて、チヂミ風に。

作り方

1 カットいかは耐熱容器に入れて酒をふりかける。ふんわりとラップをして電子レンジで2〜3分加熱し、そのまま粗熱をとる。
2 貝割れ大根は根を落として長さを半分に切る。白菜キムチは食べやすく切る。
3 ボウルに汁けをきった1、2、ポン酢しょうゆを入れてよく混ぜ合わせる。

バターのコクがえびにまとわりつく

えびのパセリバターソテー

冷蔵	冷凍
3日	1か月

材料(4人分)

えび(殻つき)… 16尾
塩 … 小さじ½
こしょう … 少々
バター … 25g
パセリ(みじん切り)
　… 小さじ1

リメイク

炒めたにんにくをプラスして、ガーリックシュリンプに。

作り方

1 えびは尾を残して殻をむき、キッチンばさみで背に切り込みを入れて背わたを除き、塩、こしょうをふる。
2 中火で熱したフライパンにバターを溶かし、えびを6〜7分炒めて火を通し、パセリをふる。

魚介のうまみが溶け込んだ

シーフードチャウダー

12分

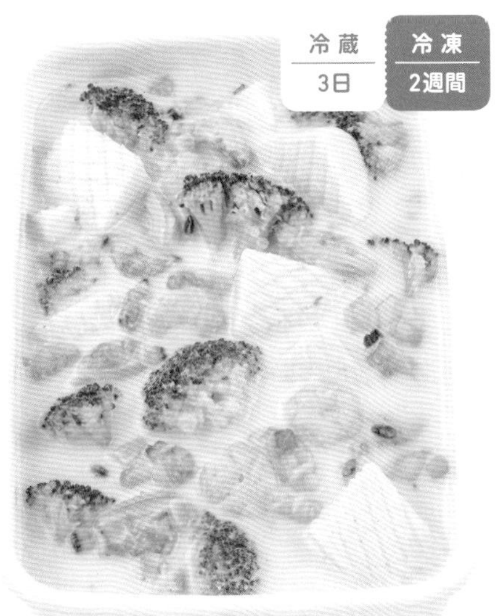

冷蔵	冷凍
3日	2週間

材料(4人分)

シーフードミックス
(冷凍・あさり入り)… 300g
ブロッコリー(冷凍)… 200g
ホールコーン缶 … 90g
牛乳 … 400mℓ
A 水 … 400mℓ
　オリーブ油 … 大さじ½
　コンソメスープの素(顆粒)
　　… 小さじ2
　塩 … 小さじ¼
粗びき黒こしょう … 少々

作り方

1 鍋にA、シーフードミックスを入れて中火でひと煮立ちさせ、ブロッコリー、ホールコーン缶、牛乳を加えてさっと煮て、粗びき黒こしょうをふる。

リメイク

ゆでたスパゲッティを加えてスープパスタに。

ゆでだこ・貝類

ゆでだこは加熱いらずでそのままでも使える便利食材。
貝類は砂出し済みのものを使うと、そのまま調理できて時短に。

保存法

冷蔵：1日

ゆでだこは酒少々をふり、ラップで包んでチルド室へ。二枚貝は砂出しをして、当日調理。

冷凍：1か月

ゆでだこは酒少々をふり、保存袋に入れる。二枚貝は砂出しをして保存袋へ。

スピードテク

はさみ

ゆでだこは食べやすくぶつ切りに。

レンジ

貝は酒をふってチンして、酒蒸し。

あさりのだしでうまみ濃厚

あさりとアスパラの酒蒸し

材料(4人分)

あさり(殻つき・砂出し済み)
…500g
グリーンアスパラガス…10本
にんにく…½片
A 酒、ごま油…各大さじ2
　塩…少々
しょうゆ…小さじ1

時短のコツ

砂出し済みのものを購入すれば、殻をやさしくこすり合わせるように洗うだけでOK。

作り方

1. あさりは殻をこすり合わせて洗う。グリーンアスパラガスは、根元のかたい部分とはかまを除き、4cm長さの斜め切りにする。にんにくは薄切りにする。
2. 耐熱容器に1のあさりを広げ入れ、アスパラとにんにくをのせて合わせたAを回し入れる。ふんわりとラップをして電子レンジで5〜6分加熱する。あさりの口が開いたら、しょうゆを回しかける。

ごはんにもお酒にもぴったり

ほたての甘露煮

8
分

材料(4人分)

ベビーほたて…300g
しょうゆ、みりん、酒
　…各大さじ2
砂糖…小さじ2

リメイク

米とたっぷりのせん切りしょうがといっしょに炊いて、ほたてごはんに。

作り方

1. フライパンにすべての材料を合わせて火にかけ、中火で煮汁を煮つめて全体にからめる。

レモンのさわやかさが口に広がる

たこのセビーチェ

8
分

材料(4人分)

ゆでだこ…300g
玉ねぎ…½個
パプリカ(黄)…1個
パセリ(みじん切り)…適量
レモン汁…大さじ2
塩…小さじ⅓
こしょう…少々

リメイク

にんにくのみじん切り、オリーブ油、塩を加えて火にかけ、アヒージョに。

作り方

[下ごしらえ]
ゆでだこはそぎ切りに、玉ねぎ、パプリカはみじん切りにする。

1. 保存容器にすべての材料を入れて混ぜ合わせてなじませる。

メインおかず

ツナ缶

加熱せず缶汁ごと使えて、味も手早く決まるのがうれしい。
ひき肉の代わりに使えば、炒めものが超スピードで仕上がる。

保存法

冷蔵：3日

余ったら缶汁ごと保存容器に移し、ふたをしてチルド室へ。

冷凍：1か月

缶汁ごと保存袋へ。

スピードテク

レンジ

野菜やゆで卵とあえて、スピードボリュームサラダ。

ツナのうまみがからむレンチン煮もの

ツナと大根のごまみそレンジ煮

15分

冷蔵 4日 / 冷凍 1か月

材料(4人分)

ツナ缶(油漬け) … 大1缶(140g)
大根 … ½本
A だし汁 … 100㎖
白すりごま … 大さじ2
みそ … 大さじ1½
砂糖 … 大さじ1
しょうゆ … 小さじ1

作り方

1 大根は皮をむいて小さめの乱切りにし、耐熱容器に入れる。水大さじ2(分量外)を加え、ふんわりとラップをして電子レンジで5分加熱する。

2 水けをきった1、缶汁をきったツナ缶、合わせたAを耐熱容器に入れて混ぜる。ふんわりとラップをしてさらに6分加熱し、よく混ぜる。

卵たっぷり、ふわふわ系チヂミ

ツナとにらのチヂミ

15分

冷蔵 3日 / 冷凍 1か月

材料(4人分)

ツナ缶(水煮) … 大1缶(140g)
にら … 1束
小麦粉 … 大さじ4
A 溶き卵 … 4個分
塩、こしょう … 各少々
ごま油 … 大さじ1

リメイク

中濃ソースとマヨネーズ、かつお節や青のりなどをかけて、お好み焼き風にしても。

作り方

1 にらはキッチンばさみで3cm長さに切ってボウルに入れ、小麦粉を加えて混ぜ合わせる。さらにA、缶汁をきったツナ缶を加え、混ぜ合わせる。

2 フライパンに半量のごま油を弱中火で熱し、1の半量を流し入れ、片面2〜3分ずつ焼く。

3 同様にもう1枚焼き、食べやすく切り分ける。

ツナのうまみと甘辛味でごはんがすすむ

甘辛ツナそぼろ

10分

冷蔵 4日 / 冷凍 1か月

材料(4人分)

ツナ缶(油漬け) … 大2缶(280g)
A しょうゆ、みりん … 各大さじ1
酒、砂糖 … 各小さじ1

リメイク

ゆでたほうれん草、いり卵とともにごはんにのせて、そぼろ丼に。

作り方

[下ごしらえ]
ツナ缶は缶汁をきる。

1 フライパンにツナ缶、Aを入れ、中火で3〜5分ほど、菜箸で混ぜながら煮つめる。

その他魚缶

色々な種類や味つけがあり、そのままでもアレンジしてもおいしい。
崩さずまるごと使えば、時短でボリューム料理ができる。

保存法

冷蔵：3日

余ったら缶汁ごと保存容器に移し、ふたをしてチルド室へ。

冷凍：1か月

缶汁ごと保存袋へ。

スピードテク

レンジ

お好みの野菜と加熱して、時短野菜炒め。

ごろっと具材で食べごたえ満点

鮭缶のほくほくマヨチーズ

材料(4人分)

鮭缶(水煮)…大2缶(360g)
じゃがいも…4個
A マヨネーズ…大さじ3
　塩、こしょう…各少々
粉チーズ…適量

作り方

1 じゃがいもは皮をむき、4等分に切る。耐熱容器に入れてふんわりとラップをし、電子レンジで6分加熱する。熱いうちに粗くつぶす。

2 耐熱容器に缶汁をきった鮭缶を入れて粗くほぐし、1、Aを加えてあえる。

3 粉チーズをふり、オーブントースターで7〜8分ほど焼き、お好みでパセリ(乾燥)をふる。

スタミナがつく濃厚味

さばみそと厚揚げのピリ辛炒め

12
分

冷蔵
3日
冷凍
×

材料(4人分)

さば缶(みそ煮)…2缶(380g)
厚揚げ…200g
キャベツ…¼個
ごま油…大さじ1
豆板醤…大さじ½
おろしにんにく…小さじ½

作り方

1 さば缶は缶汁ごと軽くほぐしておく。厚揚げ、キャベツは食べやすい大きさに手でちぎる。

2 フライパンにごま油を中火で熱し、キャベツを2分ほど炒める。厚揚げを加えて2分ほど炒めたらさばを入れ、さらに2〜3分炒め合わせる。

3 豆板醤、おろしにんにくを加え、炒め合わせる。

リメイク

ごはんにのせて卵黄をトッピングし、スタミナ丼に。

バターじょうゆのこっくり味がやみつき

鮭缶とほうれん草のにんにくバターじょうゆ炒め

8
分

冷蔵
4日
冷凍
1か月

材料(4人分)

鮭缶(水煮)…大2缶(360g)
ほうれん草(冷凍)…200g
バター…10g
A しょうゆ…小さじ2
　みりん…小さじ1
　おろしにんにく…小さじ½
　粗びき黒こしょう…少々

作り方

[下ごしらえ]
鮭缶は缶汁をきる。

1 フライパンを強中火にかけてバターを溶かし、鮭缶と凍ったままのほうれん草を入れ、鮭をほぐしながら5〜6分ほど炒めたら、Aを加えてさっと炒め合わせる。

冷蔵 4日 冷凍 1か月

トマトのコクでうまみプラス

さば缶とトマトのカレー

15分

材料(4人分)

さば缶(水煮)… 2缶(380g)
カットトマト缶 … 400g
大豆(水煮) … 120g
ほうれん草(冷凍) … 150g
トマトケチャップ、カレー粉 … 各大さじ2
しょうゆ、みりん … 各大さじ1
鶏がらスープの素(顆粒) … 小さじ1
おろしにんにく、おろししょうが … 各小さじ½
塩 … 少々

作り方

1 さば缶は缶汁をきる。ほうれん草以外の材料を耐熱容器に入れ、ふんわりとラップをし、電子レンジで7分加熱する。

2 取り出してかき混ぜ、ほうれん草を加えてラップをし、さらに5分加熱する。

調理のポイント

最初の加熱のあと、カレー粉がダマにならないようにしっかりとかき混ぜる。

冷蔵 3日 冷凍 2週間

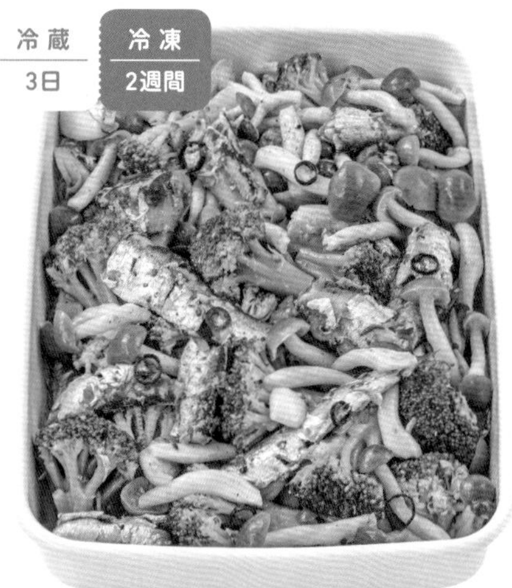

香りだけでも食がすすむ

いわしのアヒージョ風炒め

12分

材料(4人分)

オイルサーディン缶 … 2缶(210g)
しめじ … 2パック
ブロッコリー(冷凍) … 200g
にんにく … 2片
オリーブ油 … 大さじ1
赤唐辛子(種を除き小口切り) … ½本分
塩 … 小さじ⅓
こしょう … 少々

作り方

1 しめじはほぐし、にんにくはつぶす。ブロッコリーは耐熱容器に入れ、ラップをして電子レンジで3分加熱する。

2 フライパンにオリーブ油、にんにく、赤唐辛子を入れて中火にかけ、香りが立ったらしめじ、オイルサーディンを缶汁ごと加えて3～4分炒める。

3 ブロッコリーを加えて1～2分ほど炒め、塩、こしょうをふる。

冷蔵 4日 冷凍 1か月

缶汁のうまみがしみしみ

さば缶と白菜のしょうが煮

12分

材料(4人分)

さば缶(しょうゆ煮) … 2缶(380g)
白菜 … ¼個
しょうが … 1片

リメイク

ごはんにのせ、お手軽ボリューム丼に。

作り方

[下ごしらえ]
白菜は手で食べやすくちぎる。しょうがはせん切りにする。

1 耐熱容器に白菜、しょうがを入れ、さば缶を缶汁ごと加えて軽くほぐしながら混ぜる。ふんわりとラップをして、電子レンジで7～8分加熱する。

レモンの酸味でさっぱり仕上げて

オイルサーディンのマリネ

材料(4人分)

オイルサーディン缶
…2缶(210g)
玉ねぎ…1個
プチトマト…8個
レモン…1個
塩、こしょう…各少々

時短のコツ

玉ねぎは、スライサーを使って時短。

作り方

1 玉ねぎはスライサーで薄切りにし、水に3分ほどさらして水けをきる。プチトマトはヘタを除き、半分に切る。レモンは半分を搾り、残り半分は薄いいちょう切りにする。

2 ボウルに1、塩、こしょう、オイルサーディンを缶汁ごと入れて混ぜ合わせる。

ごまを入れて風味とボリュームアップ

さんま缶のごままぶし揚げ

材料(4人分)

さんま缶(蒲焼き)
…3缶(300g)
小麦粉、水、白いりごま
…各大さじ3
サラダ油…適量

時短のコツ

缶詰のさんまはすでに加熱調理してあるので、表面に焼き目をつけるだけで手早く出来上がる。

作り方

1 ボウルに小麦粉と水を入れて混ぜ、白いりごま、缶汁をきったさんま缶を入れてからめる。

2 フライパンにサラダ油を深さ3cmほど入れて中火で熱し、1を片面2〜3分ずつ揚げ焼きにする。

さんまに卵のとろみがからまる

さんま缶のにら卵とじ

10分

材料(4人分)

さんま缶(蒲焼き)
…2缶(200g)
にら…½束
卵…4個

調理のポイント

作りおきをする場合は、卵にしっかり火を通すことがコツ。

作り方

［下ごしらえ］
さんま缶は缶汁をきる。

1 フライパンにさんま缶を入れてほぐし、にらはキッチンばさみでざく切りにしながら加える。中火にかけて火が通ったら割りほぐした卵を回し入れ、やさしくかき混ぜる。

火を使わない

包丁使わない

ワンステップ

魚介加工品・大豆製品

下処理いらずで、肉や魚の代わりに使えるうまみたっぷり食材。
炒めものや煮ものでも時短で味がしみ込みやすいので、ささっと調理に便利。

スピードテク

手
食べやすくちぎる。

レンジ
だし汁とともにチンして、お手軽煮もの。

保存法

冷蔵：2日
開封したら、小分けにしてラップで包み、チルド室へ。

冷凍：1か月
食べやすく切ったり小分けにしたりして、ラップで包んで保存袋へ。

ジュワッとうまだしをたっぷり含んだ

レンジおでん

15分

材料(4人分)

がんもどき … 8個
大根 … 400g
ウインナーソーセージ … 8本
A だし汁 … 200mℓ
酒、しょうゆ … 各大さじ3
みりん、砂糖 … 各小さじ2

調理のポイント

かたい大根を加熱してから、他の材料と混ぜ合わせることで、味のしみ込みが均一に。

作り方

1 大根は皮をむき、1cm幅の半月切りにする。耐熱容器に入れ、ふんわりとラップをして、電子レンジで5〜6分加熱する。

2 ウインナーソーセージは斜めに数本切り込みを入れる。

3 1に2、がんもどき、合わせたAを加え、ラップをしてさらに6〜7分加熱する。

ふわふわ食感にえびの絶妙な存在感

はんぺんとえびの揚げ焼き

10分

材料(4人分)

はんぺん … 2枚(200g)
むきえび … 100g
絹ごし豆腐 … 150g
酒 … 大さじ1
片栗粉 … 大さじ4
おろししょうが … 小さじ1
塩 … 小さじ⅓
サラダ油 … 適量

調理のポイント

揚げ焼きのときはあまり動かさず、ときどき菜箸で転がす。

作り方

1 むきえびは酒をもみ込み、さっと水で洗って水けをきる。

2 保存袋にサラダ油以外の材料を入れ、袋の上からもみ混ぜる。8等分に分けて円盤形に成形する。

3 フライパンに深さ2cmほどのサラダ油を中火で熱し、2を入れてこんがりときつね色になるまで揚げ焼きにする。

和×洋でうまみの相乗効果アップ

ちくわとベーコンのピリ辛炒め

10分

材料(4人分)

ちくわ … 12本
ベーコン(ハーフサイズ) … 8枚
白いりごま … 小さじ2
A しょうゆ、みりん、サラダ油 … 各大さじ1
赤唐辛子(種を除き小口切り) … ½本分

作り方

1 フライパンに半分にちぎったちくわとベーコン、白いりごま、Aを入れて炒める。

リメイク

ゆでうどんと炒めて、辛うま焼きうどんに。

火を使わない

包丁使わない

ワンステップ

メインおかず

豆腐

ヘルシーで腹もちがよく、包丁を使わず手で崩して調理できる。レンジ加熱で時短水きりをすると、料理の味がぼやけない。

保存法

冷蔵：1日

余ったら保存容器に移して水を張り、ふたをしてチルド室へ。

冷凍：1か月

食べやすく切り、保存袋に入れる。冷凍すると凍り豆腐(高野豆腐)に。

スピードテク

レンジ

ペーパータオルで包んで加熱し、スピード水きり。

手

ちぎったり崩したりできる。スプーンを使ってもOK。

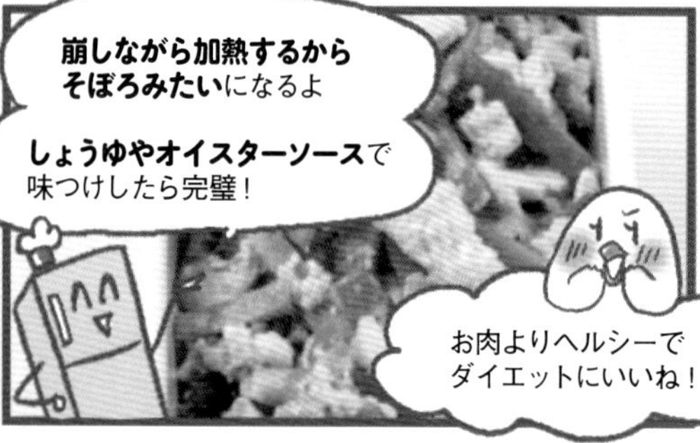

やさしい味わいでヘルシーな定番おかず

レンジ炒り豆腐

15分

冷蔵 3日 冷凍 ×

材料(4人分)

木綿豆腐…1丁(300g)
にんじん…⅓本
しいたけ…4枚
さやいんげん…4本
卵…2個
A みりん…大さじ1
薄口しょうゆ、砂糖…各大さじ½
和風だしの素(顆粒)…小さじ1

作り方

1 木綿豆腐はペーパータオルを二重にして包む。耐熱容器に入れ、ラップをせずに電子レンジで3分加熱し、水けをきって崩す。にんじんは短冊切り、しいたけは薄切り、さやいんげんは3〜4cm長さに切る。

2 深めの耐熱容器に1とAを入れて混ぜ、割りほぐした卵を回し入れる。ラップをして電子レンジで8分加熱して混ぜる。

豆腐のふわっとした食感がしあわせ

豆腐と鶏肉のつくね

15分

冷蔵 4日 冷凍 2週間

材料(4人分)

木綿豆腐…1丁(300g)
鶏ひき肉…250g
A 片栗粉…大さじ4
みそ…大さじ2
酒、おろししょうが…各小さじ1
サラダ油…大さじ1

作り方

1 木綿豆腐はペーパータオルを二重にして包む。耐熱容器に入れ、ラップをせずに電子レンジで3分加熱して水をきる。

2 ボウルに1と鶏ひき肉、Aを入れて練り混ぜ、20等分にして円盤形に成形する。

3 フライパンにサラダ油を中火で熱し、2を入れてふたをして3分焼く。焼き色がついたら裏返して、同様にふたをして3分焼く。

リメイク

せん切り野菜のあんをかけて、中華風つくねに。

肉のうまみが豆腐にしみしみ

肉豆腐

15分

冷蔵 4日 冷凍 ×

材料(4人分)

木綿豆腐…1丁(300g)
牛切り落とし肉…400g
さやいんげん…1袋
A しょうゆ…大さじ3
みりん…大さじ2
砂糖…大さじ1
片栗粉…小さじ1

作り方

[下ごしらえ]
牛切り落とし肉はAをもみ込む。

1 耐熱容器に4等分にちぎった豆腐、さやいんげんを入れ、牛肉を漬けだれごと広げ重ねる。ふんわりとラップをして電子レンジで8〜9分加熱し、全体をさっくり混ぜる。

時短のコツ

豆腐は手で崩すと味のしみ込みが早くなる。

メインおかず

卵

どんな食材とも相性バッチリで、味なじみが早くすぐに火が通る。
黄色の彩りで、おかずに華やかさもプラスできる万能食材。

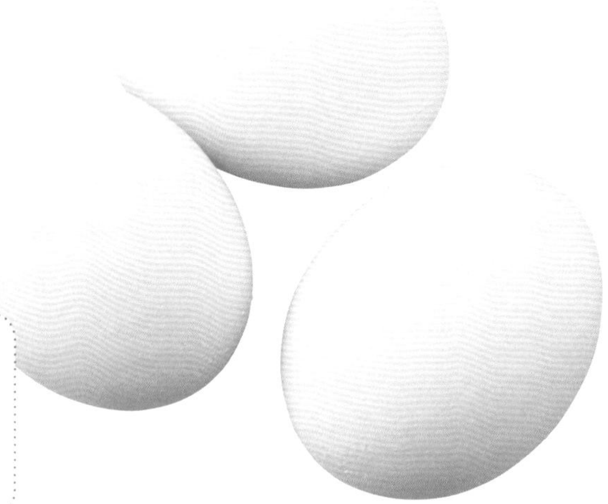

スピードテク

レンジ

ココット容器に割り入れ、水を注いで40秒チンして温泉卵。

保存法

冷蔵：2週間

パックのまま、とがったほうを下にして冷蔵室へ。

冷凍：1か月

殻ごと保存袋に入れる。いり卵や卵焼きにするなど、調理してから冷凍しても。

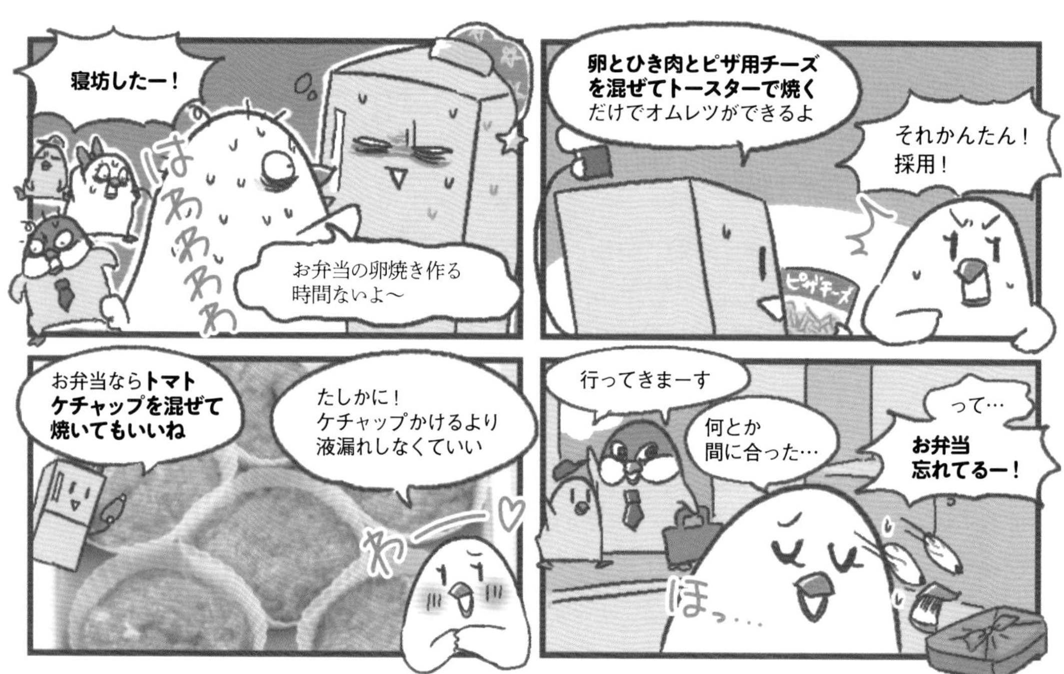

カリカリかつもちっとした新食感

ほうれん草のミニキッシュ

15分

冷蔵 3日　冷凍 2週間

材料(4人分)

卵 … 4個
ほうれん草(冷凍) … 70g
ぎょうざの皮(大判) … 8枚
牛乳 … 大さじ2
塩 … 小さじ¼
こしょう … 少々
粉チーズ … 大さじ2

調理のポイント

アルミカップで焼く場合は、サラダ油少々を塗ってからぎょうざの皮を敷く。

作り方

1. ほうれん草は耐熱容器に入れて電子レンジで1分加熱する。
2. ボウルに卵を割りほぐし、水けをきった1、牛乳、塩、こしょう、粉チーズを加えて混ぜる。
3. シリコンカップにぎょうざの皮を敷き、2を等分に流し入れ、オーブントースターで8〜10分ほど焼く。

めんつゆ頼みで手間いらず

卵のきんちゃく煮

15分

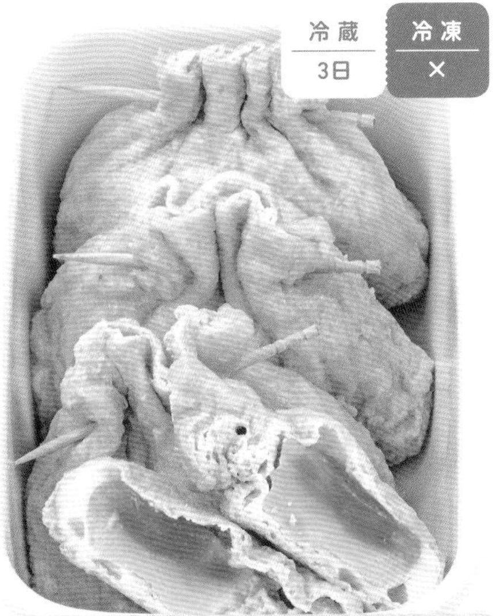

冷蔵 3日　冷凍 ×

材料(4人分)

卵 … 4個
油揚げ…2枚
めんつゆ(3倍濃縮)
　… 大さじ2
水…100mℓ

時短のコツ

油抜き不要の油揚げを使えば、さらに時短できる。

作り方

1. 油揚げは熱湯をかけて油抜きをし、キッチンばさみで袋状になるように半分に切り、中を開く。
2. 1に卵を1個ずつ割り入れてつま楊枝でとめる。
3. フライパンにめんつゆ、水を入れて煮立て、2を加える。落としぶたをして弱中火で10分ほど煮る。

とろっとチーズがおいしい

ひき肉入りチーズオムレツ

15分

冷蔵 3日　冷凍 2週間

材料(4人分)

卵 … 4個
豚ひき肉 … 100g
ピザ用チーズ … 40g
塩 … 小さじ⅓
こしょう … 少々

作り方

[下ごしらえ]
ボウルに卵を割りほぐし、他のすべての材料を加えて混ぜ合わせる。

1. シリコンカップ8個に等分に流し入れ、オーブントースターで10〜12分ほど焼く。

火を使わない

彩りが楽しいかんたんおかず

卵の彩りそぼろ

10分

材料(4人分)

卵 … 4個
ミックスベジタブル(冷凍) … 100g
酒、砂糖 … 各小さじ2
塩 … 小さじ⅓

リメイク

マヨネーズと混ぜ合わせ、食パンにのせて焼いて、具だくさんトーストに。

作り方

1 耐熱容器に卵を割りほぐし、他のすべての材料を加えて混ぜ合わせる。
2 1にふんわりとラップをして、電子レンジで2分加熱し、菜箸でよく混ぜる。
3 ふんわりとラップをし、さらに50秒～1分加熱して混ぜる。さらに卵がかたまるまで2～3回に分けて30秒ずつ加熱し、その都度よく混ぜる。

包丁使わない

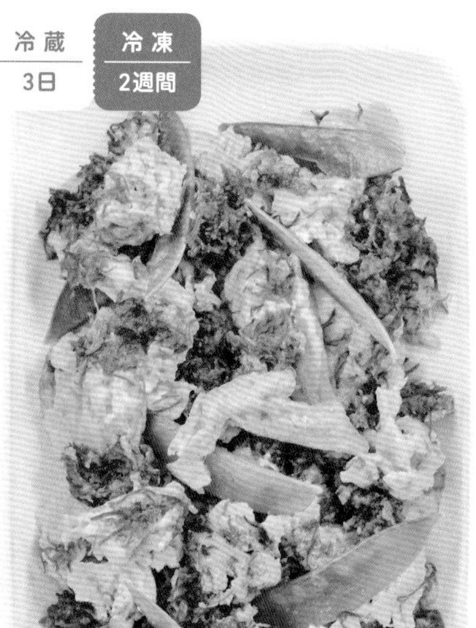

マヨネーズ効果で卵がふわふわ

コンビーフの卵炒め

15分

材料(4人分)

卵 … 3個
コンビーフ缶 … 1缶(80g)
さやえんどう … 10枚
A マヨネーズ … 大さじ2
　こしょう … 少々
サラダ油 … 大さじ2

リメイク

ゆでたうどんと炒め合わせて焼き肉のたれで味つけし、濃厚焼きうどんに。

作り方

1 コンビーフ缶はほぐし、さやえんどうはすじを除く。
2 ボウルに卵を割りほぐし、Aを加えて混ぜ合わせる。
3 フライパンに半量のサラダ油を中火で熱し、1を3～4分炒める。
4 3を端に寄せ、残りのサラダ油を入れて、2をいっきに流し入れる。強火にして全体を大きく混ぜ合わせ、火を止める。

ワンステップ

焼きのりの風味がふわっと広がる

のり玉焼き

8分

材料(4人分)

卵 … 4個
焼きのり … 全形2枚
A 酒 … 大さじ1
　しょうゆ、みりん … 各大さじ½
サラダ油 … 大さじ½

時短のコツ 

ふたをして焼くと、中まで短時間で火を通すことができる。

作り方

[下ごしらえ]
ボウルに卵を割りほぐし、A、ちぎった焼きのりを加えて混ぜ合わせる。

1 フライパンにサラダ油を中火で熱し、卵液を流し入れ、ふたをして5～6分蒸し焼きにする。

マヨネーズでまろやかさとコクをプラス

卵とブロッコリーのサラダ

材料(4人分)

卵 … 4個
ブロッコリー … 1株
A マヨネーズ … 大さじ4
　粉チーズ … 大さじ2
　塩 … 小さじ⅓
　こしょう … 少々

リメイク

パンにはさんで、サンドイッチに。

作り方

1 耐熱容器に卵を割りほぐし、ふんわりとラップをして電子レンジで1分30秒加熱する。取り出してよく混ぜ、ラップをしてさらに1分加熱してよく混ぜ、いり卵にする。

2 ブロッコリーは小房に分け、耐熱容器に入れてラップをして電子レンジで2分加熱する。

3 ボウルにAを混ぜ合わせ、1、2を加えてあえる。

放置レシピ

みその風味をじっくり漬け込んで

みそ漬け卵

材料(4人分)+作り方

1 **卵を熱湯で7〜8分ゆでて殻をむく**
卵 … 4個

2 **ラップに合わせたAを等分に塗って1を1個ずつ包み、冷蔵庫でひと晩おく**
A みそ … 大さじ4
　酒、みりん、めんつゆ(3倍濃縮)
　… 各小さじ1

放置レシピ

コロコロサイズでも満足の食べごたえ

うずらのハンバーグ

材料(4人分)+作り方

1 **Aをよく練り混ぜ、うずらの卵を1個ずつ包んで丸め、耐熱容器に入れる**
うずらの卵(水煮) … 12個
A 合いびき肉 … 200g
　玉ねぎ(みじん切り) … ¼個
　溶き卵 … 1個　パン粉 … 20g
　塩 … 小さじ½　こしょう、ナツメグ … 各少々

2 **合わせたBをかけて200℃に予熱したオーブンで20〜30分焼く**
B カットトマト缶 … 400g
　コンソメスープの素(顆粒) … 小さじ2
　おろしにんにく … 小さじ½　ローリエ … 1枚

COLUMN.02

＼ アレンジ次第で七変化 ／

シンプル変身おかず

そのままはもちろん、食材を足してアレンジもできる、
お手軽味つけおかずを紹介します。

＼ 豚こまそぼろ ／

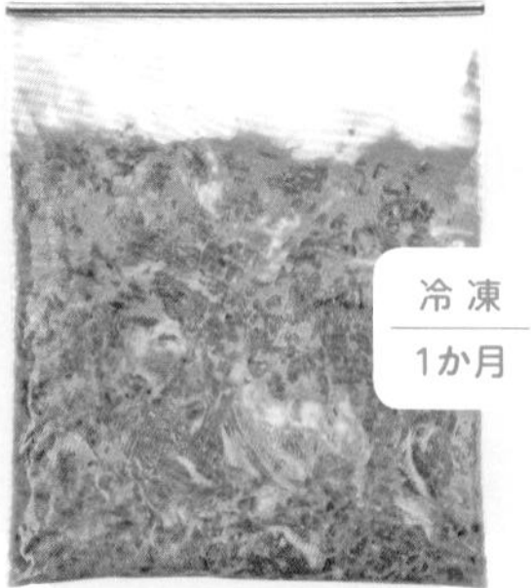

冷凍
1か月

材料(2人分)

豚こま切れ肉 … 200g
A みそ、みりん … 各大さじ2
しょうゆ、砂糖 … 各大さじ½
おろしにんにく、
おろししょうが … 各小さじ½

作り方

1 豚こま切れ肉はキッチンばさみでざく切りにする。

2 冷凍用保存袋にAを入れて混ぜ合わせ、1を加えてよくもみ込む。空気を抜いて密封し、冷凍する。

食べ方

凍ったままフライパンで炒めて、ごはんやうどんにのせる。

アレンジ1

冷凍野菜を使ってラクチン

豚こま麻婆なす

作り方

1 フライパンに冷凍の豚こまそぼろ1袋分、なす(揚げ・冷凍)250g、水200mℓ、オイスターソース大さじ1、しょうゆ、豆板醤各大さじ½、砂糖小さじ1を加えて煮立て、中火で7〜8分ほど煮る。

2 片栗粉小さじ1、水小さじ2をよく混ぜ合わせて1に回し入れ、とろみをつける。

アレンジ2

食べごたえのあるボリュームチヂミ

肉チヂミ

作り方

1 ボウルに小麦粉100g、片栗粉50g、溶き卵1個分、水100mℓを混ぜ合わせ、解凍した豚こまそぼろ1袋分、もやし½袋、キッチンばさみでざく切りにしたにら½束分を加えて混ぜ合わせる。

2 フライパンにごま油大さじ1を中火で熱して1を流し入れ、両面こんがりと焼く。

鮭の照り焼き

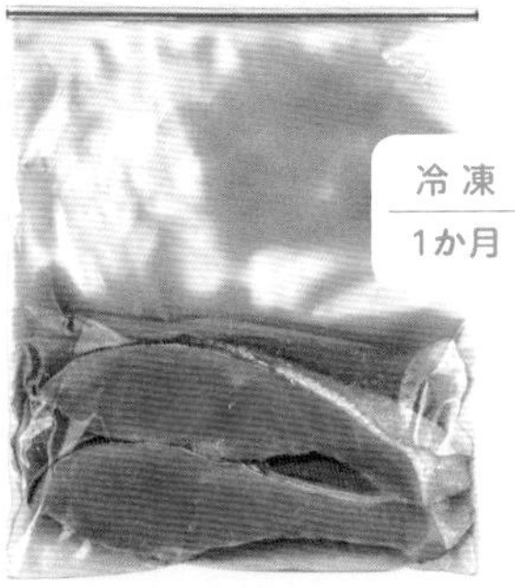

材料(2人分)

鮭 … 2切れ(200g)
A しょうゆ、みりん … 各大さじ1
　酒 … 大さじ½

作り方

1 冷凍用保存袋にAを入れて混ぜ合わせ、鮭を加えて漬ける。保存袋の空気を抜いて密封し、冷凍する。

食べ方

凍ったままフライパンに入れ、弱中火でじっくり両面を焼く。

お弁当にもぴったり！

アレンジ1

バターの風味と青じそが香り高い

鮭としそのフレーク

作り方

1 フライパンにバター10gを入れて溶かし、解凍して漬け汁をぬぐった鮭の照り焼き1袋分を加え、こんがりと焼く。取り出して皮と骨を除いてざっくりとほぐす。

2 フライパンに1をもどし入れ、漬け汁を加えて汁けがなくなるまで炒める。火を止めて細かくちぎった青じそ5枚分、白いりごま大さじ½を加えてさっと混ぜる。

アレンジ2

マヨとチーズで洋風の味わいに早変わり！

鮭とブロッコリーのチーズ焼き

作り方

1 解凍した鮭の照り焼き1袋分は電子レンジで3分ほど加熱し、4等分に切る。ブロッコリー(冷凍)150gは解凍して水けをきり、マヨネーズ大さじ2とあえる。

2 耐熱容器にバター少々を薄く塗って1を入れ、ピザ用チーズ40gをのせてオーブントースターで5分ほど焼く。

しめじとほうれん草のソテー

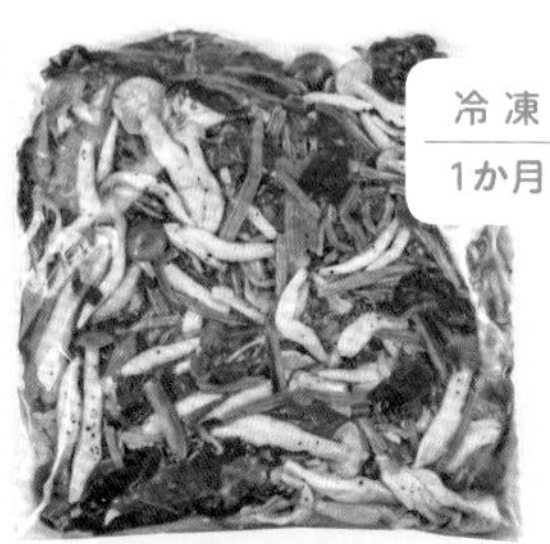

材料(2人分)

しめじ … 1パック(100g)
ほうれん草 … 1束
オリーブ油 … 大さじ1
塩 … 小さじ⅙
粗びき黒こしょう … 少々

作り方

1. しめじは石づきを落としてほぐし、ほうれん草は根元を切り落として4cm長さに切る。
2. フライパンにオリーブ油を中火で熱して1を炒め、しんなりとしてきたら塩、粗びき黒こしょうを加えて炒め合わせる。粗熱がとれたら冷凍用保存袋に入れて空気を抜いて密封し、冷凍する。

食べ方

電子レンジで解凍して、ステーキの添え野菜などに。

アレンジ1

ウインナーを足してボリュームアップ

しめじとほうれん草、ウインナーのマスタード炒め

作り方

1. ウインナーソーセージ5本は、斜め薄切りにする。
2. フライパンにオリーブ油大さじ1を中火で熱し、1を炒めて焼き色がついたら、解凍したしめじとほうれん草のソテー1袋分を加えて炒める。
3. しめじとほうれん草のソテーが温まったら、混ぜ合わせた粒マスタード大さじ2、白ワイン大さじ½を加えて炒め合わせる。

アレンジ2

具がたっぷりで栄養満点

しめじとほうれん草のオムレツ

作り方

1. ボウルに卵4個を割りほぐし、解凍したしめじとほうれん草のソテー1袋分、牛乳大さじ2、塩、こしょう各少々を加えてよく混ぜ合わせる。
2. フライパンにサラダ油大さじ1を中火で熱し、1の半量を流し入れて大きくかき混ぜ、オムレツを作る。同様にしてもう1つ作る。器に盛り、トマトケチャップ適量をかける。

野菜・きのこ・豆・乾物

サブおかず

10分以内でできる3タイプの
サブおかずのレシピ

サブおかず

にんじん

皮ごと食べてもおいしく、ピーラーなどで薄くスライスすれば、さっと火も通る。短めに加熱をして、食感を残すと食べごたえアップ。

旬
1-2・4-6月

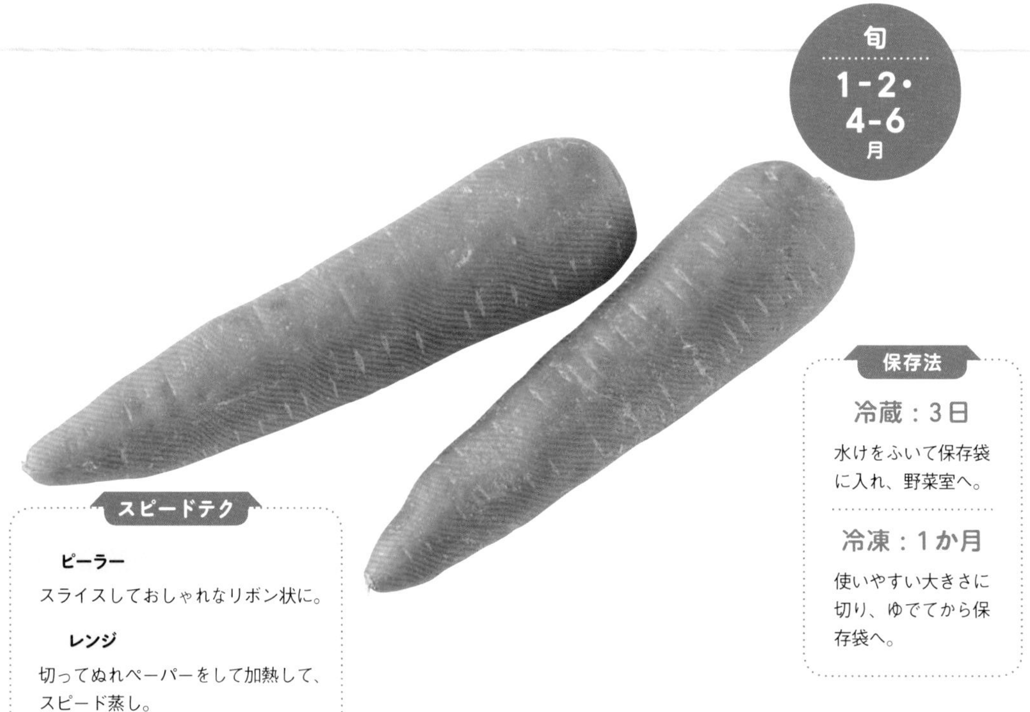

スピードテク

ピーラー
スライスしておしゃれなリボン状に。

レンジ
切ってぬれペーパーをして加熱して、スピード蒸し。

保存法

冷蔵：3日
水けをふいて保存袋に入れ、野菜室へ。

冷凍：1か月
使いやすい大きさに切り、ゆでてから保存袋へ。

野菜の甘みに粒マスタードがアクセント

にんじんとさつまいものサラダ

10分

冷蔵 3日 冷凍 ×

材料(4人分)

にんじん … 2本(300g)
さつまいも … 1本
水 … 大さじ2
A マヨネーズ … 大さじ1
 粒マスタード … 小さじ2

時短のコツ

さつまいもは、市販の焼きいもを粗くつぶして使えば、さらに時短。

作り方

1 にんじん、さつまいもは皮をむいて5mm角に切り、耐熱容器に入れる。水をふり入れ、ふんわりとラップをして電子レンジで5分加熱する。
2 水けをきり、粗熱がとれたらAを加えてあえる。

ツナのうまみと塩だけで味つけ

にんじんしりしり

10分

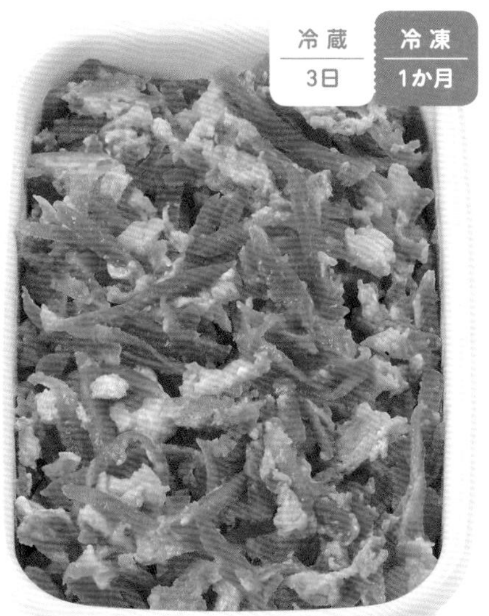

冷蔵 3日 冷凍 1か月

材料(4人分)

にんじん … 2本(300g)
ツナ缶(水煮)
 … 小1缶(70g)
卵 … 3個
サラダ油 … 大さじ1
塩 … 小さじ½

作り方

1 にんじんはピーラーで皮をむき、スライサーでささがきにする。
2 フライパンにサラダ油を中火で熱し、1、ツナ缶を缶汁ごと入れて3〜4分ほど炒める。
3 にんじんがしんなりしてきたら塩を加え、割りほぐした卵を回し入れて炒め合わせる。

甘辛味でにんじん嫌いもやみつきに

にんじんのきんぴら

10分

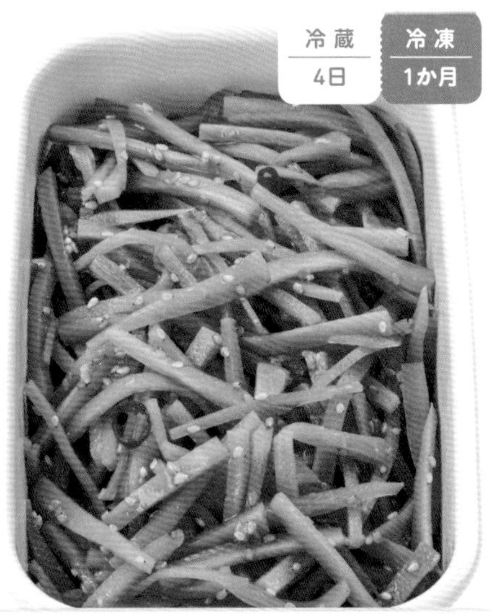

冷蔵 4日 冷凍 1か月

材料(4人分)

にんじん … 大2本(400g)
A しょうゆ、みりん
 … 各大さじ2
 砂糖 … 大さじ½
 赤唐辛子(種を除き小口切り) … 1本分
白いりごま、ごま油
 … 各小さじ2

リメイク

豚バラ肉で巻いて甘辛く焼いて、ボリュームアップ。

作り方

1 にんじんは皮をむいて細切りにする。
2 耐熱容器に1、Aを入れて混ぜる。ふんわりとラップをして、電子レンジで6分加熱する。
3 白いりごま、ごま油を加えて混ぜ合わせる。

冷蔵 3日 | 冷凍 ×

りんごのシャキシャキ食感と甘酸っぱさがさわやか

にんじんの甘酸っぱサラダ

10分

材料(4人分)

にんじん … 2本(300g)
りんご … ½個
酢(あれば白ワインビネガー)、
　はちみつ … 各大さじ1
サラダ油 … 小さじ2
塩 … 小さじ½

作り方

1 にんじんは皮をむき、りんごはよく洗って皮つきのままそれぞれせん切りにする。

2 ボウルに1、酢、はちみつ、サラダ油、塩を順に加えて、さっとあえる。

リメイク

レーズンを加えて、デリ風おしゃれサラダに。

冷蔵 3日 | 冷凍 1か月

にんじんの甘みたっぷりで食べやすい

にんじんの豚キム卵炒め

材料(4人分)

にんじん … 2本(300g)
豚こま切れ肉 … 150g
白菜キムチ … 100g
卵 … 2個
ごま油 … 大さじ1
しょうゆ … 大さじ1½

作り方

1 にんじんはピーラーで薄切りにし、ふんわりとラップをして電子レンジで1分加熱する。

2 フライパンにごま油を中火で熱して豚こま切れ肉を炒める。肉に火が通ったら1を加えて炒め、しんなりしたら白菜キムチを加えて炒め合わせる。

3 2を端に寄せて卵を割り入れ、少し火が通ったら大きく混ぜていり卵にする。全体を混ぜ合わせてしょうゆを回しかける。

時短のコツ

卵は直接割り入れ、フライパンの中で溶きながら炒める。

冷蔵 5日 | 冷凍 1か月

切って漬けるだけのスパイシーな箸休め

にんじんのカレーマリネ

材料(4人分)

にんじん … 2本(300g)
A すし酢(市販) … 大さじ1
　サラダ油 … 小さじ2
　カレー粉 … 小さじ1

作り方

1 にんじんは皮をむいて細切りにする。

2 ボウルにAを混ぜ合わせて1を加え、よくあえる。

リメイク

ゆで卵とマヨネーズを加えて、かさ増しサラダに。

和と洋のおいしいコラボレーション

にんじんとチーズの白あえ

冷蔵 3日 冷凍 ×

材料(4人分)

にんじん … 2本(300g)
クリームチーズ … 100g
絹ごし豆腐 … 30g
めんつゆ(3倍濃縮)
… 小さじ2
しょうゆ … 大さじ1
くるみ(素焼き) … 30g

作り方

1 にんじんは皮をむいてせん切りにし、耐熱容器に入れてめんつゆをかける。ふんわりとラップをして電子レンジで2分加熱する。水けをきり、粗熱がとれたら保存袋に入れる。

2 1にクリームチーズ、絹ごし豆腐を崩しながら入れ、しょうゆを加えて、袋の上からもんで全体を混ぜる。くるみを手で粗く砕きながら加え、さらにもみ混ぜる。

放置レシピ

ヨーグルトとみそで即席ぬか漬け風

にんじんのヨーグルトみそ漬け

1日

材料(4人分)+作り方

1 **保存袋にすべての材料を入れて軽くもみ、冷蔵庫でひと晩おく。**
にんじん(縦十字に4等分) … 2本(300g)
プレーンヨーグルト、みそ … 各100g
※食べるときは、ヨーグルトみそをぬぐう。

冷蔵 5日 冷凍 1か月

放置レシピ

炊飯器だからゴロゴロ具材もやわらか

ゴロゴロにんじんのミネストローネ

55分

材料(4人分)+作り方

1 **炊飯器にすべての材料を入れて、普通に炊飯する**
にんじん(乱切り) … 2本(300g)
玉ねぎ(1cm角) … ½個
ベーコン(1cm幅) … 4枚
トマトジュース(無塩)、水 … 各400mℓ
トマトケチャップ … 大さじ2
砂糖 … 大さじ1
コンソメスープの素(顆粒) … 小さじ4
塩 … 小さじ½

冷蔵 5日 冷凍 1か月

サブおかず

玉ねぎ

どんな食材とも相性バッチリで炒めものや煮込み料理に大活躍。
包丁を使わず、まるごと加熱もできて、味わい深いうまみが出る。

旬
1-3・9-12月

保存法

冷蔵：3日
切ったあとは、ラップで包んで野菜室へ。

冷凍：1か月
使いやすい大きさに切ってラップで包み、保存袋へ。

スピードテク

レンジ
皮をむいてまるごとチンすると、甘みが逃げない。

シャキシャキさっぱりサラダ

玉ねぎとセロリのおかかポン酢あえ

7分

材料(4人分)

玉ねぎ … 2個(400g)
セロリ … 1本
ポン酢しょうゆ … 大さじ4
かつお節 … 4g

リメイク

缶汁をきったさば缶(水煮)と合わせれば、ボリュームおかずに。

作り方

1 玉ねぎは薄切りにして水に3分さらす。セロリはすじを除いて斜め薄切りにする。

2 玉ねぎの水けをきり、セロリ、ポン酢しょうゆと混ぜ合わせ、かつお節をかける。

玉ねぎの甘みがじんわり

まるごと玉ねぎのレンジ蒸し

材料(4人分)

玉ねぎ … 4個(800g)
A コンソメスープの素(顆粒) … 小さじ1
水 … 100mℓ

調理のポイント

途中で玉ねぎをひっくり返すことで、コンソメスープが全体にしみ込みやすくなる。

作り方

1 玉ねぎは皮をむいて上部分をキッチンばさみで切り落とし、ひげ根を除いてよく洗う。

2 耐熱容器に玉ねぎを並べ、混ぜ合わせたAをかける。ふんわりとラップをして、電子レンジで4分加熱する。

3 玉ねぎの上下を返し、ラップをしてさらに4分ほど加熱する。お好みでパセリ(乾燥)をふる。

玉ねぎだけなのにごはんをおかわりしたくなる

玉ねぎのカレーソテー

10分

材料(4人分)

玉ねぎ … 2個(400g)
オリーブ油 … 小さじ1
A 酒 … 大さじ1
カレー粉 … 小さじ1
塩 … 小さじ½
こしょう … 少々

時短のコツ

玉ねぎは細めのくし形切りにすると、早く火が通る。

作り方

1 玉ねぎは1cm幅のくし形切りにする。

2 フライパンにオリーブ油を中火で熱し、1を炒める。透き通ってきたらAを加えて炒め合わせる。お好みでパセリのみじん切りをふる。

ほのかな酸味と辛みがクセになる

玉ねぎとささみの梅わさびあえ

10分

材料(4人分)

玉ねぎ … 2個(400g)
鶏ささみ … 4本
塩 … 少々
酒 … 大さじ2
A めんつゆ(3倍濃縮) … 大さじ3
　練り梅 … 小さじ2
　練りわさび … 小さじ½

作り方

1 玉ねぎは薄切りにし、水に3分さらして水けをきる。
2 鶏ささみはすじを除いて耐熱容器に入れ、塩、酒をふりかける。ふんわりとラップをして電子レンジで2〜3分加熱する。粗熱をとり、細かく手で裂く。
3 ボウルに**1**、**2**、合わせた**A**を入れて混ぜ合わせる。

まるごと玉ねぎのグラタン風

玉ねぎのツナマヨ焼き

材料(4人分)

玉ねぎ … 小4個(600g)
A ツナ缶(油漬け) … 小2缶(140g)
　マヨネーズ … 大さじ2
塩、ピザ用チーズ … 各適量
粗びき黒こしょう … 少々

調理のポイント

玉ねぎをレンチンでほどよくやわらかくしてから深く切り込みを入れると、ツナマヨが詰めやすい。

作り方

1 玉ねぎは皮をむいて上部分をキッチンばさみで切り落とし、ひげ根を除いてよく洗う。耐熱容器に並べて塩をふり、ふんわりとラップをして電子レンジで6分加熱する。
2 取り出してキッチンばさみで十字に深く切り込みを入れ、合わせた**A**を詰める。
3 ピザ用チーズを等分にのせ、ラップをせずにさらに2分ほど加熱し、粗びき黒こしょうをふる。

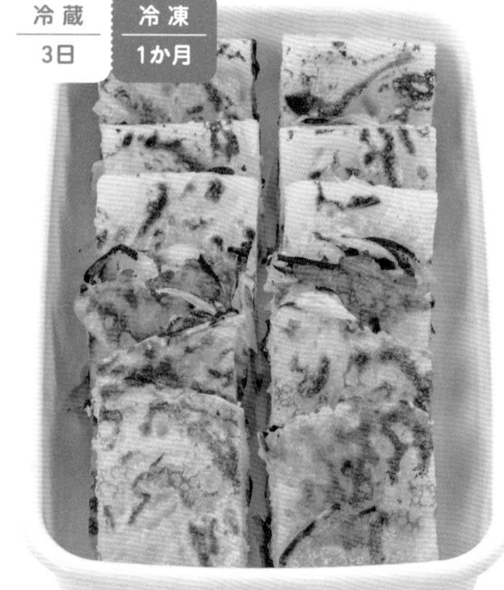

カリッとした食感が楽しい

玉ねぎだけチヂミ

材料(4人分)

玉ねぎ…1個(200g)
A 水 … 150mℓ
　小麦粉、片栗粉 … 各50g
　鶏がらスープの素(顆粒) … 小さじ2
　塩 … 少々
ごま油 … 適量

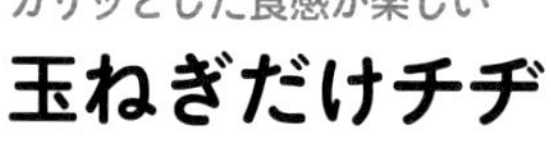

焼き肉やレタスをはさんで、ひとくちチヂミバーガーに。

作り方

1 玉ねぎは薄切りにする。ボウルに合わせた**A**とともに入れてさっくり混ぜる。
2 フライパンにごま油を中火で熱し、**1**を流し入れて薄くのばす。2分ほど焼き、焼き色がついたら裏返す。
3 弱中火にしてフライ返しなどで押しつけながら5〜6分ほど焼く。最後に強火にしてカリッとさせ、切り分ける。

はちみつのコクで味がまとまる

玉ねぎとツナの酢みそサラダ

10分

冷蔵 3日 / 冷凍 ×

材料(4人分)

玉ねぎ … 3個(600g)
ツナ缶(水煮) … 小1缶(70g)
パプリカ(赤) … 1個
塩 … 小さじ1
A 酢 … 大さじ4
　みそ、はちみつ … 各大さじ2

作り方

1. 玉ねぎは薄切りにして塩をふり、しんなりしたらしっかりと水けを絞る。
2. パプリカはヘタと種を除いてせん切りにし、耐熱容器にのせる。ふんわりとラップをして、電子レンジで4分加熱し、ザルにあげて粗熱をとって水けをきる。
3. ボウルに**A**を混ぜ合わせ、**1**、**2**、ツナ缶を缶汁ごと加えてあえる。

火を使わない

子どもも大人もハマる甘みと塩けのマリアージュ

玉ねぎとコーンのコンソメかき揚げ

10分

冷蔵 3日 / 冷凍 2週間

材料(4人分)

玉ねぎ … 1個(200g)
ホールコーン缶 … 100g
A 水 … 140mℓ
　小麦粉 … 100g
　片栗粉 … 20g
　マヨネーズ … 大さじ1
　コンソメスープの素(顆粒) … 小さじ2
サラダ油 … 適量

作り方

1. 玉ねぎはスライサーで薄切りにする。ボウルに合わせたA、玉ねぎ、ホールコーン缶を入れてさっくりと混ぜる。
2. フライパンにサラダ油を深さ2cmほど入れて強中火で熱し、1をお玉で食べやすい大きさに落とし入れる。片面2分ずつ揚げ焼きにする(フライパンの大きさにより、2回に分けて揚げる)。

包丁使わない

ちゃちゃっとできるお酒のおとも

玉ねぎのマリネ

8分

冷蔵 5日 / 冷凍 ×

材料(4人分)

玉ねぎ … 2個(400g)
赤唐辛子(種を除く) … 1本分
酢、オリーブ油 … 各大さじ4
砂糖 … 小さじ2
塩 … 小さじ½
こしょう … 少々

作り方

1. 玉ねぎは薄切りにして水に5分さらし、水けをきる。
2. ボウルにすべての材料を入れて、混ぜ合わせる。

リメイク

サーモンの刺身とあえて、サーモンマリネに。

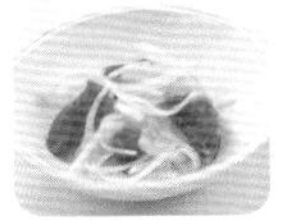

食材ひとつ

サブおかず

キャベツ

1枚ずつ葉をむけば、手やはさみでかんたんにカットできる。
生でも炒めてもおいしく、さっと使いやすい便利野菜。

旬
3-4・11-12月

スピードテク

手
好みの大きさにちぎる。

レンジ
チンして芯までやわらかく。

保存法

冷蔵：4日
切ったあとは、ラップで包んで野菜室へ。

冷凍：1か月
ざく切りしてかためにゆで、水けをきって保存袋へ。

フレンチドレッシングとマヨでお手軽コールスロー

キャベツとほたてのコールスロー

火を使わない

材料(4人分)

キャベツ … ½個(400g)
ほたて缶(水煮)
… 大1缶(135g)
貝割れ大根…½パック
塩…小さじ1
A フレンチドレッシング(市販)、マヨネーズ … 各大さじ3
ゆずこしょう … 大さじ½

作り方

1 キャベツは太めのせん切りにして塩をふり、よくもんで水けを絞る。
2 貝割れ大根は根を落として半分の長さに、ほたて缶は缶汁を軽くきってほぐす。
3 ボウルにAを混ぜ合わせ、1、2を加えてあえる。

みその風味とにんにくでスタミナ満点

キャベツと豚バラのみそ炒め

10分

包丁使わない

材料(4人分)

キャベツ … ½個(400g)
豚バラ薄切り肉…150g
サラダ油…大さじ1
A みそ…大さじ3
みりん…大さじ2
酒…大さじ1
しょうゆ…小さじ1
おろしにんにく、おろししょうが…各小さじ½

作り方

1 キャベツと豚バラ薄切り肉はキッチンばさみでひと口大に切る。
2 フライパンにサラダ油を中火で熱して豚バラ肉を炒める。肉の色が変わったらキャベツを加え、強火でさっと炒める。
3 キャベツがしんなりしたら、合わせたAを加え、炒め合わせる。

しそのさっぱり感が箸休めにうれしい

キャベツのごましそあえ

食材ひとつ

材料(4人分)

キャベツ … ½個(400g)
塩 … 小さじ½
A ごま油 … 小さじ1
赤じそ風味ふりかけ … 小さじ1

作り方

1 キャベツはざく切りにして塩をふってもみ、5分ほどおく。
2 1の水けを絞って保存袋に入れ、Aを加えてよくもむ。

時短のコツ

保存袋で調理すると、洗いものが減り、時短に。

サブおかず

ブロッコリー

レンジでさっと蒸せばかんたんに下ごしらえできる。
炒めものや煮込み料理にも大活躍で鮮やかな色も映える。

旬
1-3・11-12月

スピードテク

はさみ
食べやすく小房にカット。

レンジ
ぬれペーパーをかぶせてチンして、スピード蒸し。

保存法

冷蔵：3日
そのまま保存袋に入れて野菜室へ。

冷凍：1か月
小房に分けてかためにゆで、水けをきって保存袋へ。

ツナと鶏がらのうまみダブルパンチ

ブロッコリーとツナのレンジ蒸し

10分

冷蔵 4日 冷凍 1か月

材料(4人分)

ブロッコリー … 2株(400g)
ツナ缶(水煮)
…小2缶(140g)
鶏がらスープの素(顆粒)
… 小さじ2

リメイク

オムレツの具材や豚肉と炒めてチャンプルー風に。

作り方

1 ブロッコリーは小房に分けて耐熱容器に入れる。

2 1に缶汁をきったツナ缶、鶏がらスープの素を加えて軽く混ぜ、ふんわりとラップをして電子レンジで6分加熱する。

火を使わない

ツンとくる刺激がクセになる

ブロッコリーとえびのわさびマヨ

10分

冷蔵 3日 冷凍 1か月

材料(4人分)

ブロッコリー … 2株(400g)
えび(殻つき) … 8尾
A マヨネーズ … 大さじ4
しょうゆ、練りわさび
… 各小さじ2

リメイク

ゆでたパスタ(カッペリーニ)とあえて、冷製パスタに。

作り方

1 ブロッコリーはキッチンばさみで小房にし、塩少々(分量外)を加えた熱湯で3分ほどゆでる。

2 えびは1をゆでた熱湯で3分ほどゆで、殻をむいてキッチンばさみで半分に切る。

3 ボウルにAを混ぜ合わせ、1、2を加えてあえる。

包丁使わない

ガーリック風味でペロッと食べられる

ブロッコリーのペペロン風

8分

冷蔵 4日 冷凍 1か月

材料(4人分)

ブロッコリー … 2株(400g)
A オリーブ油 … 大さじ2
赤唐辛子(種を除き小口切り) … 1本分
おろしにんにく … 小さじ½
塩 … 小さじ¼

調理のポイント

ブロッコリーが温かいうちに調味料と混ぜ合わせると味がなじみやすい。

作り方

1 ブロッコリーは小房に分けて耐熱容器に入れ、ふんわりとラップをして電子レンジで6分加熱する。

2 ボウルにAを混ぜ合わせ、1を加えてあえる。

食材ひとつ

サブおかず

トマト・プチトマト

切らずに使えたり、つぶしてスープにもできる万能野菜。
加熱しても鮮やかな色合いがうれしい。

旬
6-9月

保存法

冷蔵：3日

まるごとなら保存袋に入れ、切ったあとならラップで包み、野菜室へ。

冷凍：1か月

まるごとラップで包むか、ざく切りにして保存袋へ。

スピードテク

レンジ

切り目を入れてチンすると、皮がするっとむける。

噛むごとにトマトのうまみが口に広がる

プチトマトのラタトゥイユ

材料(4人分)

プチトマト … 2パック(300g)
なす … 4本
A トマトケチャップ … 大さじ4
オリーブ油 … 大さじ2
小麦粉 … 大さじ1
塩、こしょう … 各少々

リメイク

ちぎったモッツァレラチーズをのせてオーブントースターで焼いても。

作り方

1 プチトマトはヘタを除く。なすは輪切りにして水にさらし、しっかり水けをきる。
2 耐熱容器に1、合わせたAを入れ、ラップをせずに電子レンジで6〜8分加熱する。
3 取り出してとろみがつくまで混ぜ、塩、こしょうで味を調える。

火を使わない

トマトとバターコーンのおいしい出合い

プチトマトとコーンのソテー

材料(4人分)

プチトマト … 2パック(300g)
ホールコーン缶 … 180g
バター … 10g
塩 … 小さじ¼
こしょう … 少々

調理のポイント

プチトマトはさっと火を通す程度に仕上げて形を残す。

作り方

1 プチトマトはヘタを除く。ホールコーン缶は缶汁をきる。
2 フライパンにバターを中火で熱し、コーンを炒める。
3 油が回ったらプチトマトを加えてさっと炒め合わせ、塩、こしょうで味を調える。

包丁使わない

ごまとにんにくでスタミナ満点

トマトの韓国風あえもの

材料(4人分)

トマト … 2個(300g)
A 長ねぎ(みじん切り) … 5cm分
ごま油 … 大さじ1½
酢、白すりごま … 各大さじ1
おろしにんにく … 小さじ½
塩 … 少々

リメイク

冷ややっこにのせて、おつまみに。

作り方

1 トマトはヘタを除いてひと口大の乱切りにする。
2 ボウルにAを混ぜ合わせ、1を入れてさっくりあえる。

食材ひとつ

冷蔵 3日 / 冷凍 3週間

アルミカップで焼くからお弁当にも便利

プチトマトと豆のスパイシーグラタン

10分

材料(4人分)

プチトマト … 2パック(300g)
ウインナーソーセージ … 8本
大豆(水煮) … 200g
焼き肉のたれ(市販)
　… 大さじ1
ピザ用チーズ … 60g

作り方

1. プチトマトはヘタを除く。ウインナーソーセージは1cm幅の斜め切りにする。
2. ボウルに**1**を入れ、大豆、焼き肉のたれを加えてよく混ぜる。
3. アルミカップに**2**、ピザ用チーズの順に等分にのせ、オーブントースターでチーズが溶けるまで焼く。お好みでパセリのみじん切りをふる。

冷蔵 3日 / 冷凍 2週間

しょうがのフレッシュな香りを添えて

プチトマトとオクラと厚揚げの煮びたし

10分

材料(4人分)

プチトマト … 2パック(300g)
オクラ … 8本
厚揚げ … 2枚(300g)
しょうが … 1片
塩 … 適量
A だし汁 … 400mℓ
　しょうゆ、みりん
　　… 各大さじ1
　塩 … 小さじ⅓

作り方

1. プチトマトはヘタを除く。オクラは塩をふって板ずりして洗う。厚揚げは熱湯をかけて油抜きしてひと口大にちぎる。しょうがはすりおろす。
2. 鍋にAを煮立て、1のオクラ、厚揚げを入れ、再び煮立ったら弱火にして1分煮て火を止める。
3. プチトマト、しょうがを加えて、さっと混ぜて味をなじませる。

放置レシピ

冷蔵庫に常備したいおやつ感覚のおかず

塩トマト

半日

材料(4人分)+作り方

1. **保存袋にすべての材料を合わせて軽くもみ、冷蔵庫で半日おく**

トマト(ヘタを除き、6等分のくし形切り)
　… 大2個(400g)
おろしにんにく … 小さじ½
はちみつ … 小さじ1
塩 … 小さじ½

冷蔵 4日 / 冷凍 1か月

ワインとのペアリングもぴったり

プチトマトとアンチョビーのレンジ蒸し

冷蔵	冷凍
3日	1か月

材料(4人分)

プチトマト(赤・黄)
… 各1パック(300g)
A にんにく(薄切り)
… 1片分
アンチョビー(みじん切り)
… 2枚分
オリーブ油 … 大さじ2
塩 … 小さじ½

作り方

1 プチトマトはヘタを除いて、竹串で数か所穴をあける。

2 耐熱容器に1とAを混ぜ合わせる。ふんわりとラップをして電子レンジで2〜3分加熱したら、全体を混ぜ合わせる。

たたききゅうりにごま酢がしっかりからむ

プチトマトときゅうりのこんにゃくごま酢あえ

8
分

冷蔵	冷凍
3日	×

材料(4人分)

プチトマト … 2パック(300g)
きゅうり … 2本
刺身こんにゃく … 200g
塩 … 少々
A 白すりごま … 大さじ3
しょうゆ、酢、砂糖
… 各大さじ1
塩 … 少々

作り方

1 プチトマトはヘタを除く。きゅうりはめん棒でたたいてひと口大に割り、塩をふって5分ほどおいて水けを絞る。

2 ボウルに1、刺身こんにゃく、合わせたAを入れてあえる。

放置レシピ

スパイシーなカレー味にごま油のコクをプラス

プチトマトとうずらのカレーじょうゆ

半日

材料(4人分)+作り方

1 **保存袋にすべての材料を合わせて軽くもみ、冷蔵庫で半日おく**

プチトマト(ヘタを除き、竹串で数か所穴をあける) … 2パック(300g)
うずらの卵(水煮) … 20個
水 … 大さじ4
しょうゆ … 大さじ2
ごま油 … 大さじ½
カレー粉 … 小さじ½

冷蔵	冷凍
4日	×

サブおかず

グリーンアスパラガス

さっと炒めたり、短めにレンチンするだけでOKの、食感も楽しい彩り野菜。
手で折ったりはさみで切れば、包丁いらず。

旬
4-6・11-12月

スピードテク

手
食べやすくざっくり折る。

レンジ
水少々をふってチンして、かんたんゆでアスパラ。

保存法

冷蔵：3日
まとめてペーパータオルで包み、保存袋に入れて野菜室へ。

冷凍：1か月
かためにに塩ゆでして、保存袋へ。

お弁当にも活躍する華やかオムレツ

アスパラのふわふわオムレツ

10分

材料(4人分)

グリーンアスパラガス
…8本(200g)
ベーコン…4枚
A 溶き卵…4個分
ピザ用チーズ…50g
牛乳…大さじ4
塩、こしょう…各少々

作り方

1 グリーンアスパラガスは根元を落として斜め薄切りに、ベーコンは短冊切りにする。

2 ボウルにAを混ぜ合わせ、1を加える。シリコンカップに等分に流し入れ、オーブントースターで7分ほど焼く。

昆布茶のうまみがじんわりしみる

アスパラの昆布茶マリネ

材料(4人分)

グリーンアスパラガス
…12本(300g)
A 酢、オリーブ油
…各大さじ3
昆布茶(粉末・市販)
…大さじ1

リメイク

食パンに目玉焼きとともにはさんで、サンドイッチに。

作り方

1 グリーンアスパラガスは根元をピーラーでむき、食べやすく手で折る。熱湯でさっとゆでて、水けをきる。

2 ボウルにAを混ぜ合わせ、1を加えて5分ほどおき、味をなじませる。

粉チーズたっぷりでこっくり仕上がる

アスパラのチーズ焼き

10分

材料(4人分)

グリーンアスパラガス
…10本(250g)
オリーブ油…大さじ½
A 粉チーズ…大さじ3
塩、粗びき黒こしょう
…各少々

リメイク

ひと口大に切った鶏もも肉と交互に串に刺して塩、こしょうをして焼き、焼き鳥風に。

作り方

1 グリーンアスパラガスは根元を落として4cm長さに切る。

2 フライパンにオリーブ油を中火で熱して1を3分ほど焼き、焼き色がついたらAを加えて炒め合わせる。

サブおかず

なす

和・洋・中どんな料理にも合うお助け夏野菜。
短時間で加熱できて、味しみも早いので便利。

旬 6-9月

保存法

冷蔵：3日
ペーパータオルで包み、保存袋に入れて野菜室へ。

冷凍：1か月
まるごとラップをして電子レンジで加熱して食べやすく切り、保存袋へ。

スピードテク

レンジ
ラップをしてチンして、色みキープ。

トースター
切り目を入れて焼いて、焼きなす。

梅の酸味でいくらでもいける

なすと蒸し鶏の梅肉あえ

冷蔵 4日　冷凍 1か月

材料(4人分)

なす … 4本(280g)
鶏ささみ … 2本
青じそ … 3枚
酒 … 大さじ2
A 梅干し(種を除きほぐす) … 2個分
酢 … 大さじ2
しょうゆ … 小さじ2
ごま油 … 小さじ½

作り方

1. なすはヘタを落として皮をむき、耐熱容器に鶏ささみとともに入れて酒を回しかける。ふんわりとラップをして、電子レンジで5分加熱する。
2. 1の粗熱がとれたら手で食べやすく裂く。
3. ボウルにAを混ぜ合わせ、2を加えてあえ、青じそのせん切りを散らす。

ナンプラーとレモンでタイ風味つけ

なすのエスニック風

10分

冷蔵 3日　冷凍 2週間

材料(4人分)

なす … 4本(280g)
サラダ油 … 大さじ1
A ナンプラー、レモン汁 … 各大さじ1
砂糖 … 小さじ1
赤唐辛子(種を除き2等分) … 1本分

作り方

1. なすはヘタを残したままピーラーで皮をむく。耐熱容器に入れ、ふんわりとラップをして電子レンジで5分加熱する。
2. 1が熱いうちに手で裂き(やけどに注意)、サラダ油をまぶす。
3. ボウルにAを混ぜ合わせ、2を加えてあえる。

リメイク

冷やし中華の具材に。

ごま油とみそでコクうまジューシー

なすの油みそ

10分

冷蔵 5日　冷凍 1か月

材料(4人分)

なす … 4本(280g)
ごま油 … 大さじ2
A みそ … 大さじ3
砂糖、酒 … 各大さじ1½
おろししょうが … 少々
白いりごま … 小さじ2

作り方

1. なすはピーラーで皮をむいて2cm幅のざく切りにする。
2. フライパンにごま油を中火で熱し、1、合わせたAを加えて汁けがなくなるまで煮つめ、白いりごまをふる。

リメイク

おにぎりの具材にしたり、納豆に混ぜても。

冷蔵 3日 冷凍 2週間

ツナと塩昆布のうまみで箸が止まらない

やみつきなす

10分

材料(4人分)

なす … 4本(280g)
ツナ缶(水煮)
… 小1缶(70g)
貝割れ大根 … 1パック
A 塩昆布(市販)、白いりごま
… 各大さじ1
ごま油 … 小さじ1

時短のコツ

ツナと塩昆布のうまみで調味料を使わなくても味が決まる。

作り方

1 なすはヘタを落として半分の長さの棒状に切る。耐熱容器に入れ、ふんわりとラップをして電子レンジで5分加熱する。貝割れ大根は根元を切り落とす。

2 ボウルに1、缶汁をきったツナ缶、合わせたAを加えてよく混ぜ合わせる。

火を使わない

冷蔵 3日 冷凍 2週間

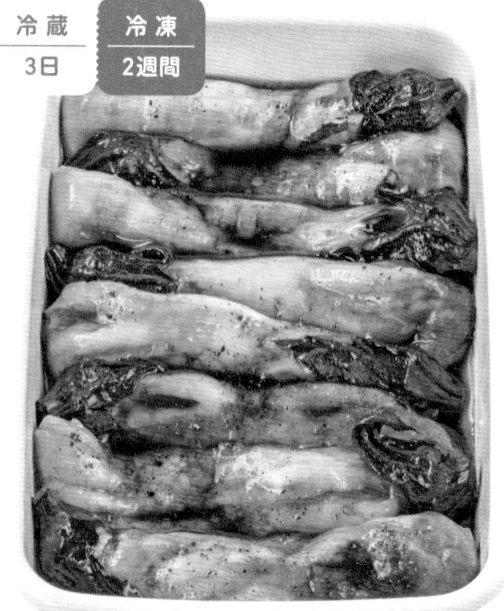

とろっと感がおいしいさっぱりサラダ

なすのカルパッチョ

10分

材料(4人分)

なす … 4本(280g)
A オリーブ油 … 大さじ4
バルサミコ酢 … 大さじ2
しょうゆ、砂糖 … 各小さじ2
おろしにんにく … 少々
粗びき黒こしょう … 少々

リメイク

生ハムと合わせて冷製パスタの具材に。

作り方

1 なすはヘタを残したままピーラーで皮をむく。耐熱容器に入れ、ふんわりとラップをして電子レンジで5分加熱する。

2 1の粗熱がとれたら手で裂く。合わせたAをかけ、粗びき黒こしょうをふる。

包丁使わない

冷蔵 3日 冷凍 2週間

なすとにんにくでパワーアップ

蒸しなすのスタミナあえ

10分

材料(4人分)

なす … 4本(280g)
A 酢、白練りごま … 各大さじ2
しょうゆ … 大さじ1½
ごま油 … 大さじ1
砂糖 … 小さじ2
豆板醤 … 小さじ½
おろしにんにく … 少々

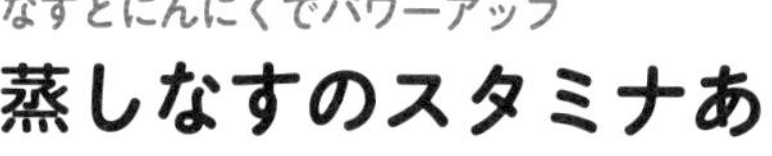

リメイク

豚肉やにんにくの芽と炒め合わせて、ボリュームおかずに。

作り方

1 なすはヘタを落とし、ピーラーで皮をむく。耐熱容器に入れ、ふんわりとラップをして電子レンジで5分加熱する。

2 1の粗熱がとれたら手で裂き、合わせたAを加えてあえる。

食材ひとつ

ハムのうまみがなすにじんわり

なすとハムの中華あえ

10分

冷蔵	冷凍
3日	1か月

材料(4人分)

なす … 4本(280g)
ロースハム … 4枚
A 酢 … 大さじ3
砂糖 … 大さじ1½
ごま油 … 大さじ1
豆板醤 … 小さじ½

時短のコツ

食材が熱いうちに漬けだれとあえると味しみが早い。

作り方

1 なすはヘタを落として乱切りにする。ロースハムは短冊切りにする。

2 耐熱容器に**1**を入れる。ふんわりとラップをして電子レンジで5〜6分加熱し、水けをきる。

3 ボウルに**A**を混ぜ合わせ、**2**を熱いうちに加えてあえる。

火を使わない

放置レシピ

めんつゆで味が決まるお手軽つまみ

なすの和風マリネ

35分

材料(4人分)**＋作り方**

1 **保存袋になすを入れて塩をもみ込む**
なす(ヘタを除いて縦半分に切り、斜め薄切り) … 3本(210g)
塩 … 小さじ¼

2 **1にプチトマトとAを加え、30分ほどおく**
プチトマト(2等分) … 8個
A めんつゆ(3倍濃縮)、オリーブ油 … 各大さじ2
おろしにんにく … 少々

冷蔵	冷凍
3日	2週間

放置レシピ

パスタがなくてもできる

なすのラザニア風

25分

材料(4人分)**＋作り方**

1 **耐熱容器にA、合わせたB、粉チーズを交互に3回重ねる**
A なす(薄切り) … 4本(280g)
ベーコン(短冊切り) … 2枚
B トマトケチャップ … 100g
オリーブ油 … 大さじ2
おろしにんにく … 小さじ½
粉チーズ … 10g

2 **ピザ用チーズをのせて220℃に予熱したオーブンで12分焼き、パセリを散らす**
ピザ用チーズ … 60g　パセリ(乾燥) … 少々

冷蔵	冷凍
4日	3週間

サブおかず

かぼちゃ

かたくて切りづらいかぼちゃは、レンジでやわらかくするのがコツ。
加熱すればフォークでかんたんにマッシュできて便利。

旬 7-9月

保存法

冷蔵：5日

切ったあとは種とわたを除いてラップで包み、保存袋に入れて野菜室へ。

冷凍：1か月

種とわたを除いて使いやすく切って、ラップをして電子レンジで加熱して、保存袋へ。

スピードテク

レンジ

少しチンするとやわらかくなって切りやすい。

とろとろチーズをたっぷりからめて

かぼちゃのチーズ焼き

10分

冷蔵 3日 | 冷凍 ×

材料(4人分)

かぼちゃ…¼個(350g)
ベーコン…40g
オリーブ油…大さじ1
ピザ用チーズ…40g

リメイク

ざっくりつぶして丸め、パン粉をつけて揚げるとホクホクコロッケに。

作り方

1 かぼちゃは種とわたを除いて2cm角に切る。耐熱容器に入れて水大さじ2(分量外)をふり、ふんわりとラップをして電子レンジで7分加熱する。ベーコンは細切りにする。

2 耐熱容器に1のかぼちゃを入れてオリーブ油を回しかけ、ベーコン、ピザ用チーズをのせ、オーブントースターで2分ほど焼く。

レーズンとくるみがデリ風でおしゃれ

かぼちゃのサラダ

10分

冷蔵 4日 | 冷凍 ×

材料(4人分)

かぼちゃ…¼個(350g)
クリームチーズ…60g
マヨネーズ…大さじ3
レーズン…大さじ2
くるみ(素焼き)…20g

調理のポイント

かぼちゃは熱いうちにつぶし、調味料と合わせて味をなじませる。

作り方

1 かぼちゃは種とわたを除いて耐熱容器に入れ、水大さじ2(分量外)をふる。ふんわりとラップをして電子レンジで6～7分加熱する。くるみは保存袋に入れて、めん棒でたたいて砕く。

2 1のかぼちゃが熱いうちにフォークでざっくりつぶし、その他の材料を加えてよくあえる。

味しみ煮ものが短時間でホクホクに

かぼちゃの煮もの

10分

冷蔵 4日 | 冷凍 1か月

材料(4人分)

かぼちゃ…小¼個(300g)
A 水…90mℓ
しょうゆ…大さじ1½
砂糖、みりん…各大さじ1
和風だしの素(顆粒)…小さじ⅓

リメイク

牛バラ肉と炒め合わせてボリュームおかずに。

作り方

1 かぼちゃは種とわたを除いて、2cm角に切る。

2 耐熱容器に1と合わせたAを混ぜ合わせ、ふんわりとラップをして電子レンジで8分加熱する。取り出したら、ラップをしたまま粗熱がとれるまで蒸らす。

火を使わない
包丁使わない
食材ひとつ

サブおかず

ピーマン

まるごとでも使えて、生でもクタクタにしてもおいしい。
ヘタや種を一瞬にして取れる小ワザを使って、スピード調理もラクラク。

旬
6-9月

保存法

冷蔵：5日
ペーパータオルで包み、保存袋に入れて野菜室へ。

冷凍：1か月
使いやすく切って保存袋へ。

スピードテク

手
ヘタを押すと、ヘタと種が取れる。

はさみ
食べやすくざっくり切る。

ツナとごま油のうまみで無限に食べられる

ツナピーマン

10分

冷蔵 5日　冷凍 1か月

材料(4人分)

ピーマン … 8個(320g)
ツナ缶(水煮)
… 小1缶(70g)
鶏がらスープの素(顆粒)、
ごま油 … 各小さじ1

リメイク

トマトケチャップを塗った食パンにのせ、ピザ用チーズをかけてオーブントースターで焼いて、ピザトーストに。

作り方

1. ピーマンはヘタと種を除き、縦半分に切り、横1cm幅に切る。
2. 耐熱容器に1、缶汁をきったツナ缶、鶏がらスープの素を入れて混ぜる。ふんわりとラップをして電子レンジで3分加熱する。
3. 2にごま油を回しかけ、全体を軽く混ぜる。

火を使わない

さっと炒めたピーマンの食感がおいしい

ピーマンと油揚げのさっと炒め

10分

冷蔵 3日　冷凍 1か月

材料(4人分)

ピーマン … 6個(240g)
油揚げ … 2枚
サラダ油 … 大さじ1
A 水 … 60mℓ
　めんつゆ(3倍濃縮) … 30mℓ
白いりごま … 大さじ1

時短のコツ

ピーマンは手で押しつぶすとキッチンばさみで切りやすい。

作り方

1. ピーマンは手で押しつぶしてヘタと種を除き、油揚げとともにキッチンばさみで食べやすく切る。
2. フライパンにサラダ油を強火で熱し、1のピーマンを焼き色がつくまで1分ほど炒める。Aと油揚げを加え、ひと煮立ちしたら白いりごまをふる。

包丁使わない

クセになるタイ風味

ピーマンのエスニック炒め

5分

冷蔵 3日　冷凍 1か月

材料(4人分)

ピーマン … 8個(320g)
赤唐辛子(種を除き小口切り)
… ½本分
ごま油 … 大さじ1
A ナンプラー … 大さじ½
　おろしにんにく … 小さじ⅓

時短のコツ

ピーマンは細く切ると、短時間で火が通る。

作り方

1. ピーマンはヘタと種を除き、せん切りにする。
2. フライパンにごま油を弱中火で熱し、赤唐辛子、1を炒める。ピーマンに焼き色がついたらAを加え、ひと混ぜして火を止める。

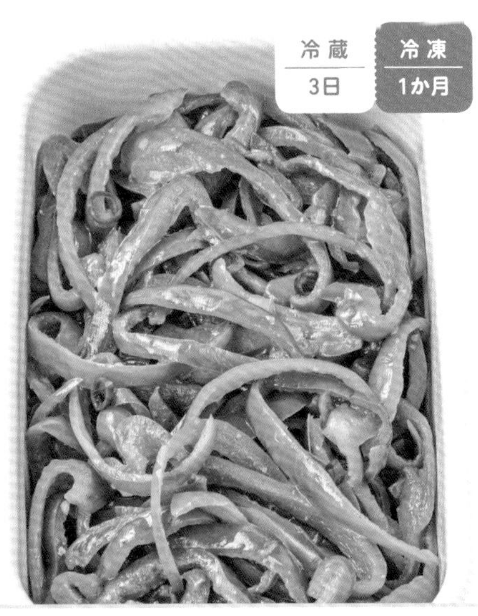

食材ひとつ

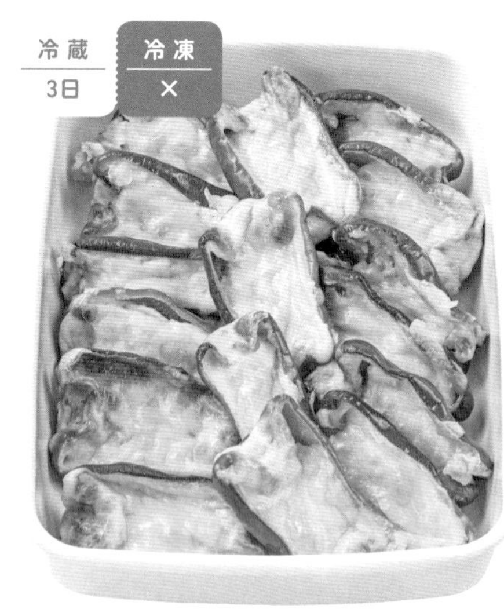

冷蔵 3日 ｜ 冷凍 ×

チーズがとろりんお手軽肉づめ

ピーマンのハムチーズ焼き

材料(4人分)

ピーマン … 8個(320g)
ロースハム … 8枚
玉ねぎ … ¼個
マヨネーズ … 大さじ3
スライスチーズ
（とろけるタイプ）… 8枚

調理のポイント

生でも食べられる材料なので、チーズがとろけるまで焼けばOK。

作り方

1 ピーマンは縦半分に切り、ヘタと種を除く。スライスチーズは半分に切る。
2 ロースハム、玉ねぎはみじん切りにしてマヨネーズとあえる。1のピーマンに等分に詰めてチーズをのせる。これを16個作る。
3 アルミホイルを敷いた天板に2を並べて、オーブントースターでこんがりと焼く。

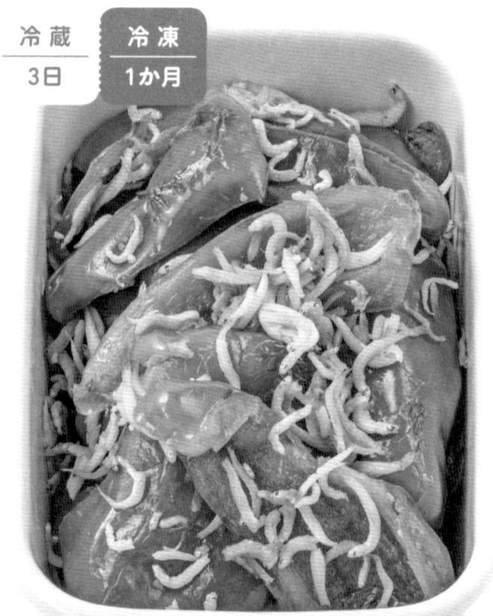

冷蔵 3日 ｜ 冷凍 1か月

しらすとピーマンの相性ばつぐんコンビ

ピーマンとしらすの炒めもの

5分

材料(4人分)

ピーマン … 8個(320g)
しらす干し … 40g
ごま油 … 大さじ1
しょうゆ … 小さじ1

調理のポイント

ごま油は先に加熱せず、ピーマンといっしょに炒めると風味が残る。

作り方

1 ピーマンは手で押しつぶしてヘタと種を除き、縦4等分に裂く。
2 フライパンにごま油、1を入れ、油をからめてから中火にかける。焼き色がつくまで炒めたら、しらす干し、しょうゆを加えて炒め合わせる。

冷蔵 4日 ｜ 冷凍 1か月

シャキシャキ食感がおいしい

ピーマンのごまナムル

10分

材料(4人分)

ピーマン … 8個(320g)
A 白すりごま、ごま油
　… 各大さじ2
　塩 … 小さじ⅓
　おろしにんにく … 少々

リメイク

豚バラ肉と炒めて、ボリュームアップおかずに。

作り方

1 ピーマンはヘタと種を除き、乱切りにして、熱湯でさっとゆでて水けをふく。
2 ボウルにAを混ぜ合わせ、1を熱いうちに加えて全体をあえる。

おかかとクリームチーズが絶妙に合う

おかかチーズピーマン

冷蔵	冷凍
3日	×

材料(4人分)

ピーマン … 8個(320g)
クリームチーズ … 40g
オリーブ油 … 大さじ1
しょうゆ … 小さじ2
かつお節 … 5g

リメイク

ゆでたそうめんとあえて、変わりあえめんに。

作り方

1 ピーマンはヘタと種を除いて細切りにする。クリームチーズは1cm角に切る。
2 耐熱容器にピーマンを入れ、ふんわりとラップをして電子レンジで3分加熱する。
3 2にオリーブ油、しょうゆを回しかけて混ぜ、クリームチーズ、かつお節を加えてさっくりと混ぜ合わせる。

火を使わない

にんにくと唐辛子がピリッと効いてる

ペペロンピーマン

5分

冷蔵	冷凍
3日	1か月

材料(4人分)

ピーマン … 8個(320g)
ベーコン(ハーフサイズ)
… 8枚(80g)
おろしにんにく … 小さじ⅓
赤唐辛子(種を除き小口切り)
… ½本分
オリーブ油、粉チーズ
… 各大さじ2

リメイク

ごはん、トマトケチャップと炒めて、ケチャップライスに。

作り方

1 ピーマンは手で押しつぶし、ヘタと種を除く。
2 フライパンにオリーブ油、おろしにんにく、赤唐辛子を入れて中火で熱し、香りが立ったらベーコン、1を加え炒める。
3 ピーマンに焼き色がついたら、火を止めて粉チーズを加えて混ぜ合わせる。

包丁使わない

黒ごまの風味をまとわせて

ピーマンのマヨごまあえ

10分

冷蔵	冷凍
3日	×

材料(4人分)

ピーマン … 8個(320g)
マヨネーズ … 大さじ2
黒すりごま … 小さじ2

調理のポイント

ピーマンの粗熱がとれてからマヨネーズを加えると、分離せずからむ。

作り方

1 ピーマンはヘタと種を除いて細切りにする。
2 耐熱容器に1を入れ、ふんわりとラップをして電子レンジで5分加熱する。
3 2の粗熱がとれたら、マヨネーズ、黒すりごまを加えて混ぜ合わせる。

食材ひとつ

サブおかず

パプリカ

手で押しつぶして、そのまま炒めたり煮込んだりと大活躍。彩りに便利で、生でもおいしいビタミン野菜。

旬
5-7月

保存法

冷蔵：5日
ペーパータオルで包み、保存袋に入れて野菜室へ。

冷凍：1か月
使いやすく切って保存袋へ。

スピードテク

手
押しつぶすだけでヘタと種が取れる。

はさみ
食べやすくざっくり切る。

彩り華やかな箸休めおかず

パプリカとセロリのマリネ

冷蔵	冷凍
5日	1か月

材料(4人分)

パプリカ(赤・黄)
… 各1個(300g)
セロリ … 1本
A 酢 … 大さじ3
　オリーブ油 … 大さじ2
　白ワイン … 小さじ1
　塩 … 小さじ¼
　粗びき黒こしょう … 少々

作り方

1 パプリカはヘタと種を除き、1cm幅に切る。セロリはすじを除き、1.5cm幅の斜め切りにする。

2 ボウルにAを混ぜ合わせ、1を加えてあえる。

調理のポイント

セロリはすじが残ると口当たりが悪くなるので、しっかり取り除く。

ふんわり香るカレー粉が隠し味

パプリカとウインナーのコンソメ煮

冷蔵	冷凍
3日	1か月

材料(4人分)

パプリカ(赤・黄)
… 各1個(300g)
プチトマト … 8個
ブロッコリー(冷凍) … 小8個
ウインナーソーセージ … 8本
A 水 … 400mℓ
　ローリエ … 1枚
　コンソメスープの素(顆粒)
　　… 小さじ2
　カレー粉 … 小さじ½
　塩 … 小さじ⅓

作り方

1 パプリカは手で押しつぶし、ヘタと種を除いて手で食べやすく裂く。プチトマトはヘタを除く。

2 鍋にAを煮立て、1、ブロッコリー、ウインナーソーセージを加え、ふたをして中火で5分ほど煮る。

マヨネーズでサクッと仕上がる

パプリカのフリッター

10
分

冷蔵	冷凍
3日	×

材料(4人分)

パプリカ(赤・黄)
… 各1個(300g)
小麦粉 … 大さじ6
マヨネーズ … 大さじ3
冷水(あれば炭酸水)
　… 大さじ5
A 塩 … 小さじ½
　カレー粉 … 少々
サラダ油 … 適量

作り方

1 パプリカはヘタと種を除いて縦4等分に切り、小麦粉大さじ1をまぶす。

2 ボウルにマヨネーズを入れ、冷水を少しずつ加えながら混ぜる。残りの小麦粉、Aを加えてさっくり混ぜる。

3 フライパンに深さ1cmほどのサラダ油を中火で熱し、2にくぐらせた1のパプリカを揚げ焼きにする。

サブおかず

きゅうり

めん棒などでたたいてから調理すると、味なじみが早い。
生はもちろん、さっと炒めると食感の変化を楽しめる。

旬
6-8月

スピードテク

ピーラー
リボン状になっておしゃれ。

めん棒
たたき割ると味しみが早い。

保存法

冷蔵：3日
水けをふいて保存袋に入れ、野菜室へ。

冷凍：1か月
薄く輪切りにして塩もみをし、保存袋へ。

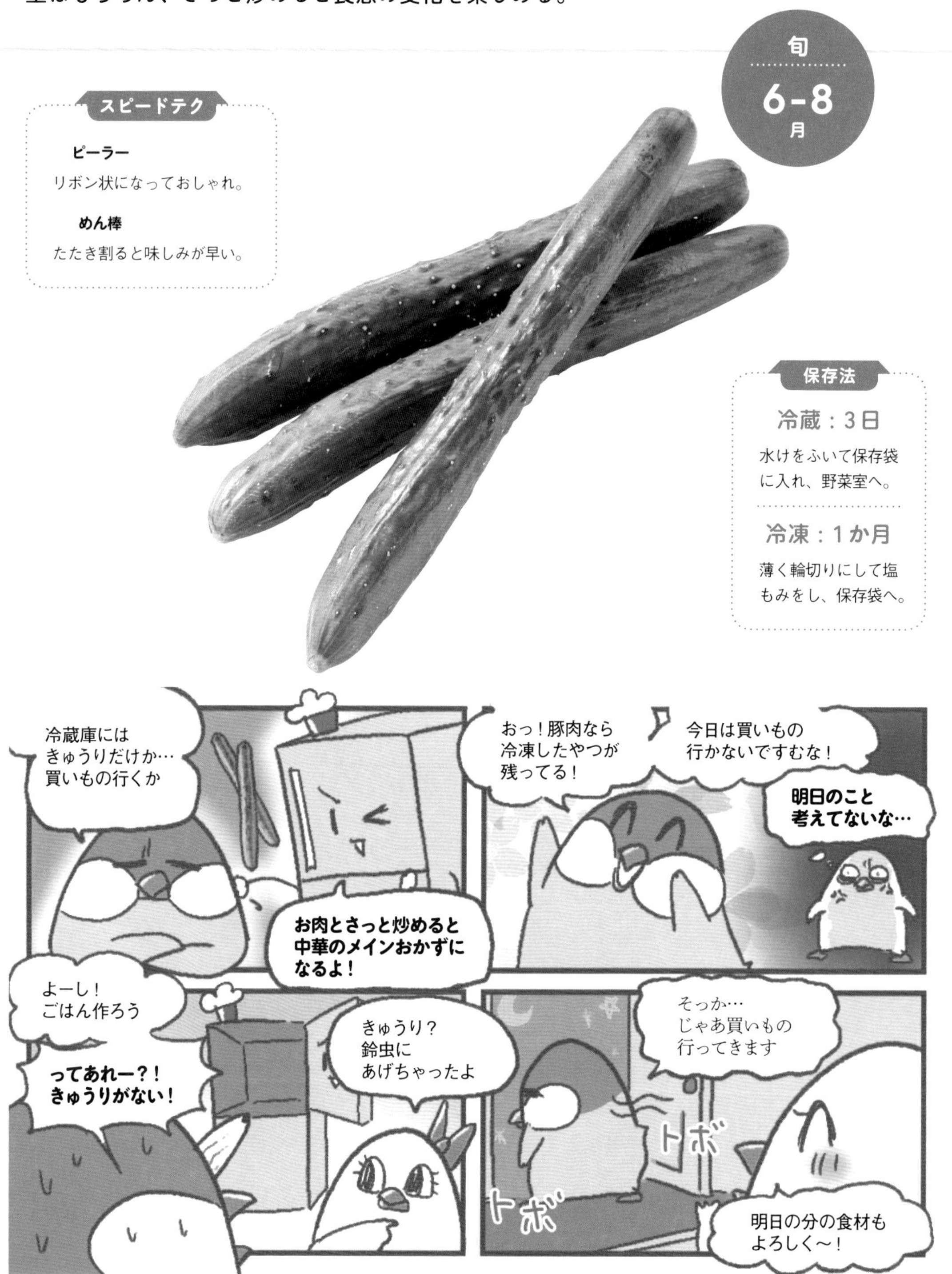

シャキシャキした食感でさっぱり

きゅうりと長いもの梅サラダ

8分

材料(4人分)

きゅうり … 3本(300g)
長いも … 100g
めんつゆ(3倍濃縮) … 大さじ3
白いりごま … 大さじ1
練り梅 … 小さじ2

作り方

1. 両端を落としたきゅうりと、皮をむいた長いもは、それぞれ1cm角に切る。
2. ボウルにすべての材料を入れて、よくあえる。

リメイク

山形だし風に、ごはんやそうめんにのせても。

火を使わない

くたっときゅうりの味しみボリュームおかず

きゅうりとささみのねぎ塩まみれ

10分

材料(4人分)

きゅうり … 3本(300g)
鶏ささみ … 4本
長ねぎ … 1本
A 酒、水 … 各大さじ3
　塩 … 少々
B ごま油 … 大さじ3
　鶏がらスープの素(顆粒)、塩 … 各小さじ1
　しょうゆ、おろしにんにく … 各少々

作り方

1. きゅうりはめん棒でたたき、食べやすく割る。
2. 鶏ささみはすじを除いて耐熱容器に入れ、Aをかける。ふんわりとラップをして電子レンジで3分加熱し、粗熱がとれたら裂く。蒸し汁は大さじ3とっておく。
3. 長ねぎはキッチンばさみで粗みじん切りにしてボウルに入れ、1、2、Bを加えてよくあえる。

包丁使わない

こっくりしたごまがごはんに合う

きゅうりのごまみそがらめ

材料(4人分)

きゅうり … 3本(300g)
塩 … 少々
みそ、ごま油 … 各大さじ1
砂糖 … 小さじ1
白すりごま … 大さじ3

作り方

1. きゅうりは両端を落として縦半分にして斜め薄切りにする。塩をふってもんで5分おき、水けを絞る。
2. ボウルにすべての材料を入れて、よく混ぜ合わせる。

調理のポイント

きゅうりを塩もみすることで水けがでにくくなり、日持ちしやすい。

食材ひとつ

冷蔵 4日 冷凍 ×

ダブルシャキシャキで食感バツグン

きゅうりのたくあんサラダ

材料(4人分)

きゅうり … 2本(200g)
たくあん … 5cm(50g)
白いりごま、ごま油
… 各大さじ½
塩 … 小さじ¼

作り方

1 きゅうりは両端を落として薄い輪切りにし、たくあんは細かく刻む。

2 ボウルに1、白いりごまを合わせ、ごま油、塩を加えてあえる。

時短のコツ

きゅうりは薄切りにして、味しみを早く。スライサーを使えばラクラク。

冷蔵 3日 冷凍 ×

炒めたきゅうりの味わい深さ

たたききゅうりの中華炒め

材料(4人分)

きゅうり … 3本(300g)
かに風味かまぼこ(フレーク)
… 4本分
塩 … 少々
ごま油 … 適量
A 酒 … 大さじ1
しょうゆ、みりん、
鶏がらスープの素(顆粒)
… 各小さじ1

作り方

1 きゅうりはめん棒でたたき、食べやすく割る。塩をふってもみ、水けを絞る。

2 フライパンにごま油を強中火で熱し、1を2〜3分炒める。かに風味かまぼこを裂きながら加え、合わせたAを回し入れて炒め合わせる。

冷蔵 4日 冷凍 ×

塩昆布とめんつゆで間違いない

きゅうりの塩昆布あえ

7分

材料(4人分)

きゅうり … 3本(300g)
塩 … 少々
塩昆布(市販) … 10g
めんつゆ(3倍濃縮)
… 大さじ1

作り方

1 きゅうりは両端を落として薄い輪切りにする。塩をふって3分おき、水けを絞る。

2 ボウルにすべての材料を入れて、よく混ぜ合わせる。

リメイク

ラー油や糸唐辛子を加えて、大人のピリ辛おつまみに。

のんべぇにはたまらない究極おつまみ

きゅうりとキムチの冷ややっこ

冷蔵 3日 / 冷凍 ×

材料(4人分)

きゅうり … 2本(200g)
木綿豆腐 … 1丁(300g)
白菜キムチ … 100g
塩 … 少々
A ごま油、白いりごま … 各大さじ1
　しょうゆ … 小さじ1

調理のポイント

ごま油を入れることで、風味がよくなり、味がまとまる。

作り方

1 両端を落としたきゅうり、白菜キムチは粗みじん切りにする。きゅうりは塩をふって3分おき、水けをよく絞る。木綿豆腐は水けをきり、縦半分にして1cm幅に切る。

2 ボウルにきゅうり、キムチ、Aを混ぜ合わせ、1の豆腐にかける。

放置レシピ

ひと晩放置でしっかり味しみ

きゅうりの1本漬け

1日

材料(4人分)+作り方

1 **保存袋にすべての材料を入れて軽くもみ、冷蔵庫でひと晩おく**
きゅうり(両端を落とす) … 4本(400g)
めんつゆ(3倍濃縮) … 大さじ4
おろししょうが … 小さじ1

冷蔵 5日 / 冷凍 ×

放置レシピ

彩り華やかさっぱり箸休め

きゅうりの彩りピクルス

1日

材料(4人分)+作り方

1 **材料をスティック状に切る**
きゅうり … 2本(200g)
大根 … 100g
パプリカ(赤・黄) … 各½個

2 **保存袋に1、Aを入れて軽くもみ、冷蔵庫でひと晩おく**
A 酢 … 大さじ5
　砂糖 … 大さじ3
　塩 … 小さじ1

冷蔵 5日 / 冷凍 ×

サブおかず

もやし

包丁いらずでそのまま使え、かさ増しにも便利な節約野菜。
水けをよくきり、さっと加熱で食感をキープ。

旬
1-12
月

保存法

冷蔵：1-3日
水を張った保存容器に入れて、野菜室へ。

冷凍：1か月
水けをよくふいて保存袋へ。

スピードテク

そのまま
袋の中で洗えば洗いものなし。

レンジ
さっと加熱でスチームもやし。

ごまと酢じょうゆでなんとなく中華風

もやしのちょっと中華サラダ

材料(4人分)

もやし … 2袋(400g)
きゅうり … 1本
ちくわ … 2本
塩 … 少々
A しょうゆ、酢 … 各大さじ1
砂糖、白すりごま … 各小さじ1

リメイク

細切りにしたハムと合わせて冷やし中華の具材に。

作り方

1. もやしは耐熱容器に入れてふんわりとラップをし、電子レンジで4分30秒加熱する。流水でさっと洗って水けをきる。
2. きゅうりは両端を落としてせん切りにする。塩をふってもみ、5分ほどおいて水けを絞る。ちくわは斜め薄切りにする。
3. ボウルにAを混ぜ合わせ、1、2を加えてあえる。

ごはんに合う節約ボリュームおかず

もやしと豚肉のピリ辛炒め

材料(4人分)

もやし … 2袋(400g)
豚こま切れ肉 … 150g
ごま油 … 大さじ1
A オイスターソース … 大さじ2⅓
しょうゆ … 小さじ2
豆板醤 … 小さじ1
塩 … 少々

作り方

1. フライパンにごま油を中火で熱し、キッチンばさみで豚こま切れ肉を細切りにしながら入れて4〜5分炒める。
2. 肉の色が変わったらもやしを加えて炒める。しんなりしてきたら、合わせたAを加えてさっと炒め合わせる。

味しみで無限に食べられる

もやしの マヨマスタードあえ

6分

材料(4人分)

もやし … 2袋(400g)
A マヨネーズ … 大さじ3
粒マスタード … 大さじ1½
砂糖 … 小さじ1
塩 … 少々

調理のポイント

もやしの水けはしっかりきり、調味料を混ぜても味が薄まらないようにする。

作り方

1. もやしは耐熱容器に入れてふんわりとラップをし、電子レンジで4分30秒加熱する。流水でさっと洗って水けをきる。
2. ボウルにAを混ぜ合わせ、1を加えてあえる。

サブおかず

豆苗

食べたい分だけ切って使えて、再生栽培もできるお助け野菜。さっと加熱でしんなりするので、時短調理に便利。

旬
1-12
月

保存法

冷蔵：3日

根元を切って水を張った保存容器に入れ、野菜室へ。

冷凍：1か月

水けをよくふいて保存袋へ。

スピードテク

はさみ

食べる分だけ根元から切る。

レンジ

さっと加熱でしんなりと。

くたくた豆苗にごま酢がしみる

豆苗とハムのごま酢あえ

冷蔵 3日 冷凍 1か月

材料(4人分)

豆苗…2パック(200g)
ロースハム…4枚
A 酢…大さじ1
しょうゆ、砂糖、白いりごま
…各大さじ½

リメイク

ごはんに混ぜ合わせて、混ぜごはんおにぎりに。

作り方

1 豆苗は根元を落として、半分に切る。耐熱容器に入れてふんわりとラップをし、電子レンジで3分加熱する。ロースハムは短冊切りにする。

2 ボウルにAを混ぜ合わせ、1を加えてあえる。

じゃこのうまみとごまの香りが上品

豆苗とじゃこの炒めもの

5分

冷蔵 3日 冷凍 1か月

材料(4人分)

豆苗…2パック(200g)
ちりめんじゃこ…20g
ごま油…大さじ1
塩…小さじ⅓

調理のポイント

豆苗は最後に入れて強火でさっと炒めることで、歯ごたえと色鮮やかさが残る。

作り方

1 豆苗はキッチンばさみで根元を落とし、半分の長さに切る。

2 フライパンにごま油を中火で熱し、ちりめんじゃこを入れて炒める。カリッとしてきたら豆苗を加え、強火にしてさっと炒め合わせて塩で味を調える。

粉かつおで、料亭のような上品な味わい

豆苗の煮びたし

8分

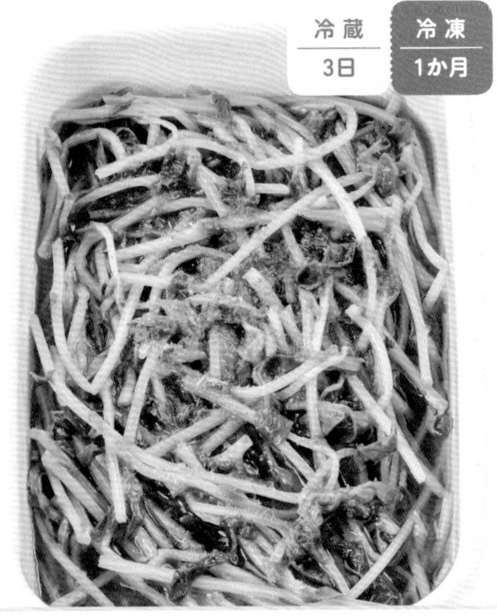

冷蔵 3日 冷凍 1か月

材料(4人分)

豆苗…2パック(200g)
A 水…150mℓ
めんつゆ(3倍濃縮)
…小さじ1⅓
粉かつお節…大さじ3

リメイク

揚げなすの上にトッピングして、さっぱりと煮びたしに。

作り方

1 豆苗は根元を落として、半分に切る。

2 鍋にAを入れてひと煮立ちさせ、1を加えて2〜3分煮る。

3 しんなりしてきたら、粉かつお節を加え、混ぜ合わせる。

サブおかず

長ねぎ

具材でも薬味でもおいしい変形自在な野菜。
炒めものや焼きもの、煮ものなど、どんな調理法にも合う。

旬
1-2・11-12月

スピードテク

はさみ
繊維に沿って切り目を入れ、垂直方向に切ればかんたんみじん切り。

保存法

冷蔵：3日
使いやすく切ってラップで包み、保存袋に入れて野菜室へ。

冷凍：1か月
使いやすく切って保存袋へ。

市販品を合わせて作る激ラクおかず

長ねぎのチャーシューあえ

8分

冷蔵 3日 / 冷凍 1か月

材料(4人分)

長ねぎ(白い部分)…2本分(120g)
チャーシュー(市販)…60g
味つけザーサイ(市販)…30g
A ごま油…小さじ4
塩…小さじ¼
砂糖…ふたつまみ
粗びき黒こしょう…少々

作り方

1 長ねぎはせん切りにする。チャーシュー、味つけザーサイは細切りにする。
2 ボウルにAを混ぜ合わせ、1を加えてあえる。

体の芯までやさしい甘みに包まれる

長ねぎとベーコンの洋風うま煮

10分

冷蔵 4日 / 冷凍 1か月

材料(4人分)

長ねぎ…2本(200g)
ベーコン…2枚
水…200mℓ
コンソメスープの素(顆粒)…小さじ2
ローリエ…1枚

作り方

1 長ねぎとベーコンはキッチンばさみで食べやすく切る。
2 鍋にすべての材料を入れてふたをし、中火で7〜8分煮る。

リメイク

ごはんと煮込んでとろけるチーズをのせ、リゾットに。

表面の香ばしさがうまみを引き立てる

長ねぎの焼きマリネ

5分

冷蔵 4日 / 冷凍 1か月

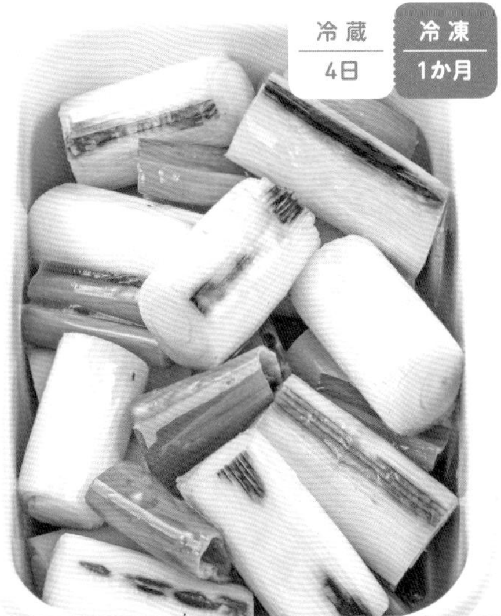

材料(4人分)

長ねぎ…2本(200g)
オリーブ油…小さじ1
A 酢…大さじ3
オリーブ油…大さじ2
砂糖…小さじ1
塩…小さじ¼
こしょう…少々

作り方

1 長ねぎはぶつ切りにする。
2 フライパンにオリーブ油を中火で熱して1を入れ、焼き色がつくまで焼く。
3 ボウルにAを混ぜ合わせ、2が熱いうちにあえる。

時短のコツ

熱いうちに調味液に浸けると、味なじみが早い。

サブおかず

大根

皮ごと食べられるので、切るだけでOK。
ピーラーでスライスしたり、すりおろせば時短料理にもバッチリ。

旬
1-2・11-12月

スピードテク

ピーラー
リボン状にすると味しみが早くなる。

レンジ
ぬれペーパーをしてチンして、手早く下ゆで。

保存法

冷蔵：5日
切ったあとは切り口をラップで包み、野菜室へ。

冷凍：1か月
使いやすく切って保存袋へ。

生クリームで極上のクリーミーさ

大根とハムのクリーム煮

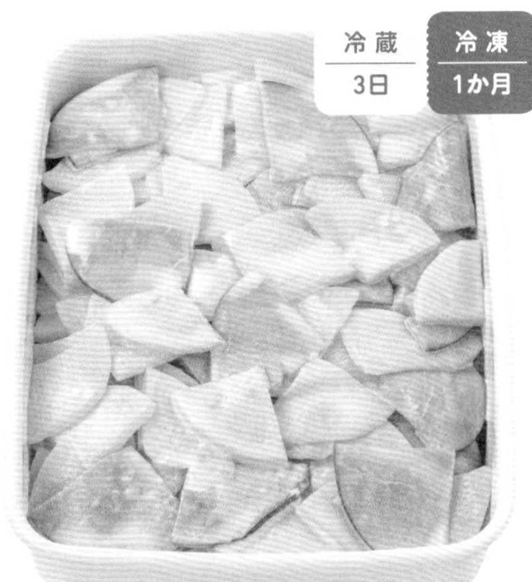

材料(4人分)

大根…½本(500g)
ロースハム…10枚
A 牛乳、生クリーム
…各200mℓ
コンソメスープの素
(顆粒)…小さじ2
塩、こしょう…各少々

作り方

1 大根は皮をむき、薄めのいちょう切りにして耐熱容器に広げ入れる。ふんわりとラップをして電子レンジで5分加熱する。ロースハムは十字に4等分にする。

2 耐熱容器に1、Aを入れてふんわりとラップをし、1分30秒加熱して塩、こしょうで味を調える。

リメイク

ごはんにかけて、ピザ用チーズをのせ、オーブントースターで焼いてドリアに。

もちもち食感がクセになる

えびとチーズの大根餅

10
分

材料(4人分)

大根…½本(500g)
A むきえび…200g
片栗粉、ピザ用チーズ
…各100g
塩…小さじ⅓
ごま油…大さじ2

作り方

1 大根はピーラーで皮をむき、すりおろして水けを絞り、ボウルにAとともに入れて混ぜ合わせる。

2 フライパンに半量のごま油を中火で熱し、1を山盛り大さじ1ずつ落とし入れる。片面2分焼き、裏返して残りのごま油を足し、ふたをして弱火にして2分ほど焼く。

調理のポイント

大根の水分は軽く絞り、タネがまとまるようにする。

バターのコクで大根が格上げ

バター大根きんぴら

10
分

材料(4人分)

大根…½本(500g)
サラダ油…大さじ1
バター…20g
A 砂糖…小さじ2
しょうゆ…小さじ4

作り方

1 大根は皮をむき、せん切りにする。

2 フライパンにサラダ油を中火で熱し、1を4〜5分炒める。

3 しんなりとしてきたら、バター、Aを加えて水分をとばすように炒め、お好みでパセリのみじん切りをふる。

リメイク

ベーコンやしめじ、薄切りのにんにく、小口切りの赤唐辛子とともに炒めて、ペペロンチーノ風に。

火を使わない
包丁使わない
食材ひとつ

冷蔵 3日 冷凍 1か月

葉のほろ苦さと甘みそがベストマッチ

大根の甘みそがらめ

10分

材料(4人分)

大根 … ½本(500g)
大根の葉 … 適量
A みそ、みりん … 各大さじ2
　酒、砂糖 … 各大さじ1

調理のポイント

みそやみりんの風味が消えないよう、調味料を加えたら加熱時間は短めに。

作り方

1. 大根は皮をむいて7㎜幅の半月切りにし、大根の葉はみじん切りにする。
2. 耐熱容器に1を入れる。ふんわりとラップをして電子レンジで6〜7分加熱し、水けをきる。
3. 別の耐熱容器にAを混ぜ合わせ、ラップをせずに30秒加熱し、2にかけてよくからめる。

火を使わない

冷蔵 3日 冷凍 1か月

鶏ひき肉のうまみをたっぷり吸った

大根と鶏ひき肉のコンソメ煮

10分

材料(4人分)

大根 … ½本(500g)
鶏ひき肉 … 50g
A 水 … 400㎖
　コンソメスープの素(顆粒) … 小さじ4
バター … 10g
塩、こしょう … 各少々

作り方

1. 大根はピーラーで薄切りにする。
2. 耐熱容器に1、鶏ひき肉、合わせたAを入れ、ふんわりとラップをして電子レンジで8分ほど加熱する。
3. 2が熱いうちにバターを加えてよくからめ、塩、こしょうで味を調える。

包丁使わない

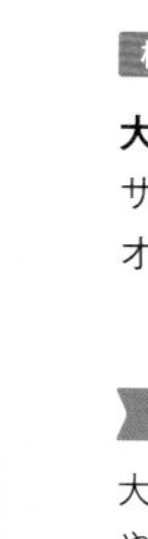

冷蔵 3日 冷凍 1か月

素朴な味の大根を濃厚な味つけに

大根のオイマヨ炒め

7分

材料(4人分)

大根 … ½本(500g)
サラダ油 … 大さじ1
オイスターソース、
　マヨネーズ … 各大さじ2

調理のポイント

大根は苦みが少なく、繊維のやわらかな葉に近い部分を使うとよい。

作り方

1. 大根は皮をむき、5㎝長さの短冊切りにする。
2. フライパンにサラダ油を中火で熱し、1を3分ほど炒め、焼き色がついたらオイスターソース、マヨネーズを加えて軽く炒め合わせる。

食材ひとつ

オレンジ香るさっぱりサラダ

大根とオレンジのマリネ

10分

冷蔵 5日 冷凍 1か月

材料(4人分)

大根…½本(500g)
オレンジ…1個(正味150g)
塩…小さじ1
A 砂糖、酢、サラダ油
…各大さじ1

時短のコツ

オレンジの房どりが面倒な場合は、みかんの缶詰を使用してもよい。

作り方

1 大根は薄い半月切りにし、塩もみをして水けを絞る。

2 オレンジは皮をむいて果肉を房どりし、薄皮に残った果肉は果汁を搾る。

3 ボウルに1、2、Aを入れてさっとあえる。

放置レシピ

さきいかと昆布のうまみが調味料

大根とさきいかのさっぱり漬け

70分

冷蔵 5日 冷凍 1か月

材料(4人分)+作り方

1 大根は塩もみをして水けを軽く絞る

大根(5cm長さの細切り)…½本(500g)
塩…少々

2 保存袋に1、さきいか、切り昆布を入れて軽くもみ、1時間ほどおく

さきいか(5cm長さ)…60g
切り昆布…10g

放置レシピ

名古屋風のこっくりしみしみおでん

大根と卵のみそおでん

65分

冷蔵 3日 冷凍 ×

材料(4人分)+作り方

1 卵を熱湯で8分ゆでて殻をむく

卵…4個
※市販のゆで卵でもOK

2 炊飯器に1、大根、合わせたAを入れ、普通に炊飯する

大根(1cm幅の輪切り)…½本(500g)
A 水…800mℓ
赤みそ…80g
砂糖…大さじ4
和風だしの素(顆粒)…大さじ1

サブおかず

ほうれん草

面倒な下ゆでも、まるごとレンチンで時短できる。
加熱するとかさが減るので切るのもラクチン。

旬
1・11-12月

スピードテク

はさみ
食べやすくざっくり切る。

レンジ
まるごとラップで包み、チンして早ゆで。

保存法

冷蔵：3日
ペーパータオルで包んで保存袋に入れ、立てて野菜室へ。

冷凍：1か月
かためにゆでて水けを絞り、ラップで小分けにして保存袋へ。

今日はハイボール飲みたいなぁ～
いいおつまみないかな…
ほうれん草とバターでこっくりおつまみはいかが？レンチンで作れるよ
むむむ…
ベーコンもあるしいっしょに入れたら絶対おいしい
ハイボールのスッキリさとも相性バツグンだよ～！
今日はハイボールに合うおつまみ作ったんだ
私もハイボールにしよ
ねーっ！
ねーっ！
へえ…
このペアリング最高！
無限に食べられる
いい飲みっぷり

だしたっぷりのうまみあえ

ほうれん草のみそあえ

冷蔵 3日 冷凍 2週間

材料(4人分)

ほうれん草…2束(300g)
しいたけ…4枚
A みそ…大さじ1½
砂糖…大さじ1
酢…小さじ1
かつお節…2g

時短のコツ

ほうれん草は電子レンジで加熱すると、時短。

作り方

1 ほうれん草は水で洗い、ぬれたままラップで包み、電子レンジで2分加熱する。さっと水にさらして水けを絞り、根元を落として4cm長さに切る。

2 しいたけは石づきを落として薄切りにし、ラップに包んで電子レンジで1分加熱し粗熱をとる。

3 ボウルにAを混ぜ合わせ、1、2、かつお節を加えてあえる。

バターのうまみがじんわりしみる

ほうれん草とベーコンのソテー

冷蔵 4日 冷凍 2週間

材料(4人分)

ほうれん草…2束(300g)
ベーコン…2枚
バター…20g
塩、粗びき黒こしょう
…各少々

リメイク

ゆでたスパゲッティといっしょにトマトケチャップで炒め合わせてナポリタンに。

作り方

1 ほうれん草はキッチンばさみで根元を落とし、食べやすく切る。ベーコンもキッチンばさみで1cm幅に切る。

2 フライパンを中火で熱してバターを溶かし、1を炒める。ほうれん草がしんなりとしてきたら塩、粗びき黒こしょうをふる。

切らずにそのまま浸せばOK

ほうれん草のだしびたし

6分

冷蔵 3日 冷凍 2週間

材料(4人分)

ほうれん草…2束(300g)
A だし汁…300mℓ
しょうゆ…小さじ1
塩…小さじ⅓

時短のコツ

切らずにそのまま味つけすることで時短に。食べるときにお好みの長さに切る。

作り方

1 ほうれん草は塩少々(分量外)を加えた熱湯でゆでて、さっと水にさらして水けを絞る。

2 Aを鍋に入れてひと煮立ちさせ、粗熱をとる。

3 2に1を浸して、味をなじませる。

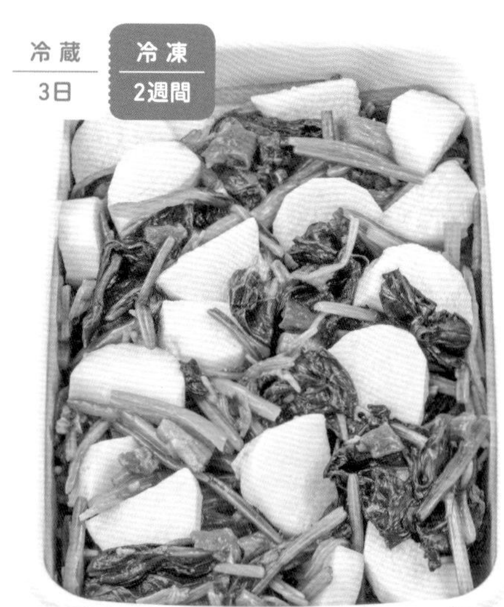

万能な梅となめたけでぐっとうまみが増す

ほうれん草と長いもの梅なめたけ

6分

材料(4人分)

ほうれん草 … 2束(300g)
長いも … 200g
梅干し … 小1個
なめたけ(市販) … 大さじ3
ポン酢しょうゆ … 小さじ1〜

調理のポイント

ほうれん草や長いもは食べやすく切って、調味料をからめやすくする。

作り方

1 ほうれん草は水で洗い、ぬれたままラップで包み、電子レンジで2分加熱する。水にさらして水けを絞り、根元を落として4cm長さに切る。長いもは皮をむいて1cm厚さの半月切りにする。梅干しは種を除いてたたく。

2 ボウルにすべての材料を入れ、ポン酢しょうゆで味を調える。

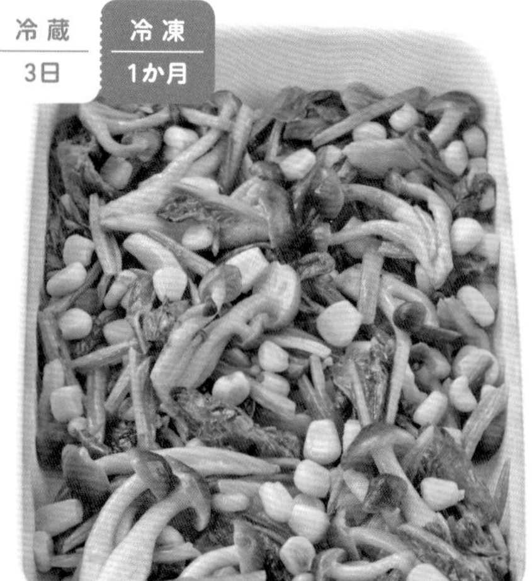

コンソメのパンチでノックダウン

ほうれん草のコンソメバター炒め

5分

材料(4人分)

ほうれん草 … 2束(300g)
しめじ … ½パック
ホールコーン缶 … 90g
バター … 大さじ1
コンソメスープの素(顆粒) … 小さじ1
塩、こしょう … 各少々

作り方

1 ほうれん草はキッチンばさみで根元を落とし、4cm長さに切る。しめじは石づきを落として手でほぐす。

2 フライパンを中火で熱してバターを溶かし、1、缶汁をきったホールコーン缶を入れてさっと炒める。コンソメスープの素を加えて、塩、こしょうで味を調える。

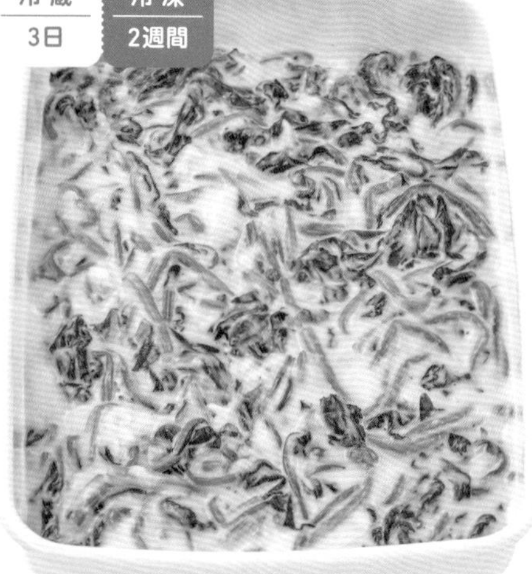

とろみをつけたクリームがよくからむ

ほうれん草のクリーム煮

8分

材料(4人分)

ほうれん草 … 2束(300g)
オリーブ油 … 小さじ1
水 … 200mℓ
A 牛乳 … 400mℓ
片栗粉 … 大さじ1
コンソメスープの素(顆粒) … 小さじ1
塩 … 小さじ½
こしょう … 少々

作り方

1 ほうれん草は根元を落として5cm長さに切る。

2 フライパンにオリーブ油を強中火で熱し、1を炒める。油が回ったら水を加えてひと煮立ちさせ、ザルにあげて水けをきる。

3 フライパンにAを入れて混ぜ、片栗粉が溶けたら中火にかける。かき混ぜながらとろみがつくまで煮て、2を加えてひと煮立ちさせる。

「いつもの食卓」のレベルが上がる

ほうれん草の白あえ

材料(4人分)

ほうれん草…1束(150g)
木綿豆腐…100g
A 白すりごま…大さじ3
砂糖…大さじ½
薄口しょうゆ…小さじ1
塩…小さじ¼

調理のポイント

豆腐は粗めに崩すくらいがおいしい。

作り方

1 ほうれん草は水で洗い、ぬれたままラップで包み、電子レンジで2分加熱する。さっと水にさらして水けを絞り、根元を落として4cm長さに切る。

2 木綿豆腐はペーパータオルで包んで耐熱容器にのせ、電子レンジで1分30秒加熱する。

3 ボウルに**2**を入れて崩し、**A**を加えて混ぜ合わせ、**1**を加えてさっくりとあえる。

ほうれん草たっぷりで栄養満点

ポパイのカレー

8
分

材料(4人分)

ほうれん草…2束(300g)
豚こま切れ肉…150g
小麦粉…少々
サラダ油…大さじ1
A 水…400mℓ
鶏がらスープの素(顆粒)…小さじ½
カレールウ(市販)…40g

作り方

1 ほうれん草は塩少々(分量外)を加えた熱湯でゆでる。さっと水にさらして水けを絞り、キッチンばさみで根元を落として3cm長さに切る。豚こま切れ肉は小麦粉をまぶす。

2 フライパンにサラダ油を中火で熱して**1**の豚肉を炒め、**A**を加えて煮立てる。

3 カレールウを加えて煮立て、とろみがついたらほうれん草を加えてさっと煮る。

さわやかなゆずこしょうの辛みがあとをひく

ほうれん草のゆずこしょうあえ

8
分

材料(4人分)

ほうれん草…2束(300g)
焼きのり…全形½枚
A ゆずこしょう、しょうゆ…各小さじ½

リメイク

すりおろした山いも、まぐろの刺身と合わせ、山かけ風に。

作り方

1 ほうれん草は塩少々(分量外)を加えた熱湯でゆでる。さっと水にさらして水けを絞り、根元を落として3cm長さに切る。焼きのりは手でちぎる。

2 ボウルに**A**を混ぜ合わせ、ほうれん草を加えてあえて、焼きのりを散らす。

火を使わない

包丁使わない

食材ひとつ

サブおかず

小松菜

アクが少ないので、さっと加熱するだけでおいしい。
はさみでざっくり切って、炒めものや煮ものにおすすめ。

旬
1-2・12月

スピードテク

はさみ
食べやすくざっくり切る。

レンジ
切ってラップで包み、チンして早ゆで。

保存法

冷蔵：3日
ペーパータオルで包んで保存袋に入れ、立てて野菜室へ。

冷凍：1か月
使いやすく切って保存袋へ。

節約食材でも味は一流

小松菜とちくわの煮びたし

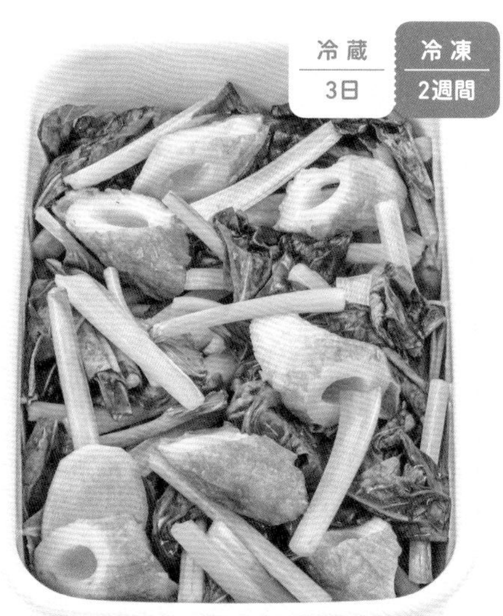

冷蔵 3日 冷凍 2週間

材料(4人分)

小松菜 … 2束(300g)
ちくわ … 3本
A しょうが(薄切り) … 1片分
だし汁 … 400mℓ
みりん … 大さじ4
しょうゆ … 小さじ4
塩 … 小さじ½

作り方

1 小松菜は根元を落として5cm長さに切る。耐熱容器に入れ、ふんわりとラップをして電子レンジで2〜3分加熱する。ちくわは乱切りにする。

2 1の小松菜にちくわ、Aの順に加えてふんわりとラップをし、さらに3〜4分加熱して混ぜ合わせる。

火を使わない

ナッツまみれでコク深い

小松菜のバターナッツあえ

冷蔵 3日 冷凍 ×

材料(4人分)

小松菜 … 2束(300g)
ミックスナッツ(素焼き) … 30g
A ピーナッツバター … 大さじ2
しょうゆ、みりん … 各大さじ1
砂糖 … 小さじ2

時短のコツ

小松菜などの葉もの野菜は、根元を輪ゴムでしばってゆでるとばらつかない。

作り方

1 小松菜は塩少々(分量外)を加えた熱湯でゆでる。さっと水にさらして水けを絞り、キッチンばさみで根元を落とし、4cm長さに切ってボウルに入れる。

2 ミックスナッツは保存袋に入れて、めん棒で粗く砕く。

3 1に合わせたAを加えてよく混ぜ合わせ、2を散らす。

包丁使わない

にんにくのパンチで言うことなしのうまさ

小松菜のガーリック塩炒め

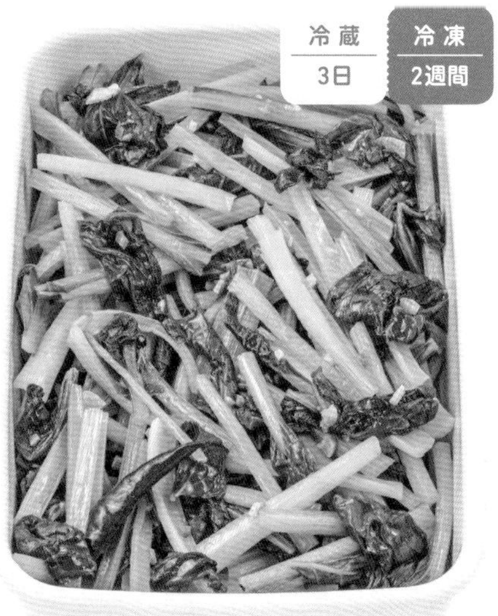

冷蔵 3日 冷凍 2週間

材料(4人分)

小松菜 … 2束(300g)
にんにく … 1片
赤唐辛子(種を除く) … 1本分
サラダ油 … 大さじ1
A 酒 … 大さじ2
塩 … 小さじ½

時短のコツ

強火でさっと炒めると食感や香りが引き立ち、時間もかからない。

作り方

1 小松菜は根元を落として5cm長さに切る。にんにくはみじん切りにする。

2 フライパンにサラダ油、にんにく、赤唐辛子を入れて強火で熱し、香りが立ったら小松菜を加えて炒める。油が回ったらAを加え、炒め合わせる。

食材ひとつ

サブおかず

水菜

サラダや鍋ものに、はさみでさっと切って使える。加熱時間が短くてすむのもうれしい。

旬
1-3・12月

スピードテク

はさみ
食べやすくざっくり切る。

レンジ
だし汁とチンして、かんたんおひたし。

保存法

冷蔵：3日
ペーパータオルで包んで保存袋に入れ、野菜室へ。

冷凍：×
繊維が多くすじっぽくなるので、冷凍には向かない。

さつま揚げのうまみがくったり水菜にしみわたる

水菜とさつま揚げの煮びたし

材料(4人分)

水菜 … 2束(300g)
さつま揚げ … 5枚
A 酒 … 大さじ2
　薄口しょうゆ、みりん … 各大さじ1

リメイク

温かいうどんのトッピングに。

作り方

1 水菜は根元を落として4cm長さに切る。さつま揚げは1cm幅に切る。

2 耐熱容器に1とAを入れ、ふんわりとラップをして電子レンジで4分加熱する。

3 取り出してよく混ぜたらふんわりとラップをし、粗熱がとれるまで蒸らす。

梅でさっぱりボリュームおかず

水菜と豚肉の梅おかか炒め

材料(4人分)

水菜 … 2束(300g)
豚こま切れ肉 … 80g
梅干し … 2個
サラダ油、しょうゆ … 各大さじ1
酒 … 小さじ2
かつお節 … 1g

時短のコツ

直接フライパンに入れながら調理すると、洗いものが減る。

作り方

1 梅干しは種を除いて食べやすくほぐす。

2 フライパンにサラダ油を中火で熱して豚こま切れ肉を炒める。火が通ったら、水菜をキッチンばさみで根元を落として食べやすく切りながら加え、酒を加えて炒める。

3 水菜がしんなりしたら、しょうゆ、1を加えて軽く炒め、火を止めてかつお節を加えて混ぜる。

にんにく、マヨ、ポン酢の三種の神器が集合

水菜のガーリックマヨポン

材料(4人分)

水菜 … 2束(300g)
おろしにんにく … 小さじ1
サラダ油 … 小さじ1
A マヨネーズ … 大さじ4
　ポン酢しょうゆ … 大さじ2

調理のポイント

水菜は加熱すると水分がたくさんでるので、ペーパータオルでふき取り、味がぼやけるのを防ぐ。

作り方

1 水菜は根元を落として5cm長さに切る。

2 フライパンにサラダ油とおろしにんにくを入れて弱火で熱し、香りが立ったら1を中火で2分ほど炒め、ペーパータオルで余分な水けをふき取る。

3 Aを加え、よく炒め合わせる。

サブおかず

白菜

1枚ずつはがせば、手やはさみでかんたんにカットできる。
芯まで余すところなく使えるのがうれしい。

ポン酢の酸味が効いた、シャキシャキあえもの

白菜とかにかまのあえもの

冷蔵 3日 冷凍 3週間

材料(4人分)

白菜 … ¼個(400g)
わかめ(乾燥) … 6g
かに風味かまぼこ … 6本
A ポン酢しょうゆ … 60mℓ
　だし汁 … 大さじ2
　サラダ油 … 大さじ1

リメイク

ゆでた鶏ささみを加えてあえて、ボリュームアップ。

作り方

1. 白菜は細切りにして、耐熱容器に入れる。ふんわりとラップをして電子レンジで5分加熱し、ザルにあげて水けをきる。
2. わかめは水でもどして水けをきる。かに風味かまぼこは半分の長さに切り、ほぐす。
3. ボウルにAを混ぜ合わせ、1、2を加えてあえる。

火を使わない

白菜と豚肉ってやっぱり相性バツグン

白菜と豚肉のレモン煮

10
分

冷蔵 3日 冷凍 1か月

材料(4人分)

白菜 … ¼個(400g)
豚こま切れ肉 … 200g
レモン汁、しょうゆ
　… 各大さじ3
塩、こしょう … 各少々

調理のポイント

白菜を敷いた上に豚肉を広げ入れることで、加熱により肉のうまみが白菜にしみわたる。

作り方

1. 耐熱容器に白菜をちぎって並べ入れる。豚こま切れ肉を全体に広げ入れ、レモン汁、しょうゆをかける。
2. ふんわりとラップをして電子レンジで7分加熱し、塩、こしょうで味を調える。

包丁使わない

チーズの塩けとスパイシーな黒こしょうがやみつき

白菜のペッパーチーズ炒め

冷蔵 3日 冷凍 1か月

材料(4人分)

白菜 … ¼個(400g)
オリーブ油 … 大さじ2
A 粉チーズ … 大さじ4
　塩、粗びき黒こしょう
　　… 各小さじ½

リメイク

生クリーム、卵黄をからめてカルボナーラ風に。

作り方

1. 白菜は1cm幅に切る。
2. フライパンにオリーブ油を中火で熱し、1を3分ほど炒め、Aを加えてさらに1分ほど炒める。

食材ひとつ

サブおかず

レタス

手で芯が取れて、葉はさっとちぎれるので、調理しやすい。加熱するときは短時間で食感を残して。

旬
4-8・11-12月

保存法

冷蔵：3日
切ったあとは、ラップで包んで野菜室へ。

冷凍：×
水分が出てべちゃっとするので、あまり冷凍には向かない。

スピードテク

手
芯は手で押すととれる。

レンジ
まるごと加熱でスピード蒸し。

市販品を合わせてスピード中華サラダ

レタスとサラダチキンのバンバンジー風

材料(4人分)

レタス … 1玉(360g)
サラダチキン(市販) … 2パック(230g)
A 白練りごま … 大さじ2
しょうゆ、砂糖、酢 … 各大さじ1

リメイク

ゆでた春雨と混ぜ合わせて、ボリュームサラダに。

作り方

1 レタスは芯を除いて手でちぎる。サラダチキンは食べやすく裂き、ともに保存容器に入れる。

2 合わせたAを1にかける。

炒めたレタスのしんなり感がおいしい

レタスとあさりの炒めもの

材料(4人分)

レタス … 1玉(360g)
あさり缶(水煮) … 1缶(130g)
ごま油 … 大さじ1
塩、こしょう … 各少々

調理のポイント

あさりの缶汁をだし代わりにして。

作り方

1 フライパンにごま油を強火で熱し、芯を除いたレタスをちぎりながら加えて炒める。

2 レタスが少ししんなりしたら、あさり缶を缶汁ごと加えて30秒ほど炒め、塩、こしょうで味を調える。

大胆に切り分けてユニークに

焼きレタスのシーザーサラダ

15
分

材料(4人分)

レタス … 1玉(360g)
オリーブ油 … 大さじ1
塩 … 少々
A 粉チーズ … 大さじ2
粗びき黒こしょう、ガーリックパウダー … 各適量

作り方

1 レタスは芯を残したままくし形切りにする。

2 フライパンにオリーブ油を中火で熱し、1を焦げ目がつくまで両面こんがりと焼いて塩をふる。

3 保存容器に入れ、Aをふる。

火を使わない

包丁使わない

食材ひとつ

＼ ちゃちゃっともう1品 ／

余りもの活用おかず

よく余りがちな食材や調味料を使ってできる
スピードおかずを紹介します。

好みの野菜にたっぷりつけて

濃厚バーニャカウダ

材料(2人分)

生クリーム … 50mℓ
アンチョビー(フィレ) … 3枚
オリーブ油 … 大さじ2
おろしにんにく … 小さじ½
塩 … 小さじ⅙
こしょう … 少々
きゅうり、パプリカ、にんじんなどお好みの野菜 … 適量

作り方

1 アンチョビーはみじん切りにする。

2 フライパンにオリーブ油、1、おろしにんにくを入れて弱火で炒め、香りが立ったら生クリームを加えて混ぜ合わせ、塩、こしょうで味を調える。スティック状に切ったお好みの野菜をつけていただく。

10分 冷蔵 2日 冷凍 ×

豆腐以外にも使える中華だれ

ピリ辛しそやっこ

材料(2人分)

青じそ … 3枚
絹ごし豆腐 … 200g
A しょうゆ … 大さじ1
　ごま油 … 大さじ½
　白いりごま … 小さじ1
　コチュジャン … 小さじ½

作り方

1 青じそはせん切りにし、合わせたAに加えてさっと混ぜ合わせる。

2 絹ごし豆腐は食べやすく切って器に盛り、1をのせる。

冷蔵 2日 冷凍 ×

MOCHI

餅がビミョーに
余ったら

砂糖じょうゆの味わいが香ばしい餅にからむ

餅の甘辛ベーコン巻き

材料(2人分)

切り餅 … 3個
ベーコン … 3枚
サラダ油 … 大さじ1
A しょうゆ、みりん … 各大さじ1
砂糖 … 小さじ1

作り方

1 切り餅は縦半分に、ベーコンは長さを半分に切る。ベーコンで切り餅を巻く。

2 フライパンにサラダ油を中火で熱し、1の巻き終わりを下にしてこんがりと焼く。焼き色がついたら合わせたAを加えてふたをし、2分ほど蒸し焼きにする。

3 ふたをはずしてたれを煮からめる。器に盛り、お好みで小ねぎを散らす。

冷蔵	冷凍
3日	2週間

15分

GYO-ZA

ぎょうざの皮が
中途半端に余ったら

ひと口サイズのお手軽ピザ

ミニツナコーンピザ

材料(4人分)

ぎょうざの皮 … 6枚
ツナ缶(油漬け) … 1缶(70g)
ホールコーン缶 … 20g
マヨネーズ … 大さじ3
ピザ用チーズ … 20g
粗びき黒こしょう … 少々

作り方

1 ボウルに缶汁をきったツナ缶、ホールコーン缶、マヨネーズを入れて混ぜ合わせる。

2 ぎょうざの皮に1とピザ用チーズを等分にのせ、オーブントースターで6分ほど焼く。器に盛り、粗びき黒こしょうをふる。

冷蔵	冷凍
3日	2週間

10分

サブおかず

ごぼう

食感が楽しいごぼうは、さっと炒めるか、たたき割って使うのがおすすめ。
皮はアルミホイルを使って手早くこそげて。

旬
1・
11-12
月

スピードテク

めん棒
たたき割ると味しみが早い。

レンジ
ぬれペーパーをしてチンすれば、スチームごぼう。

保存法

冷蔵：3日
長ければ半分に切ってラップで包み、野菜室へ。

冷凍：1か月
ささがきにして保存袋へ。

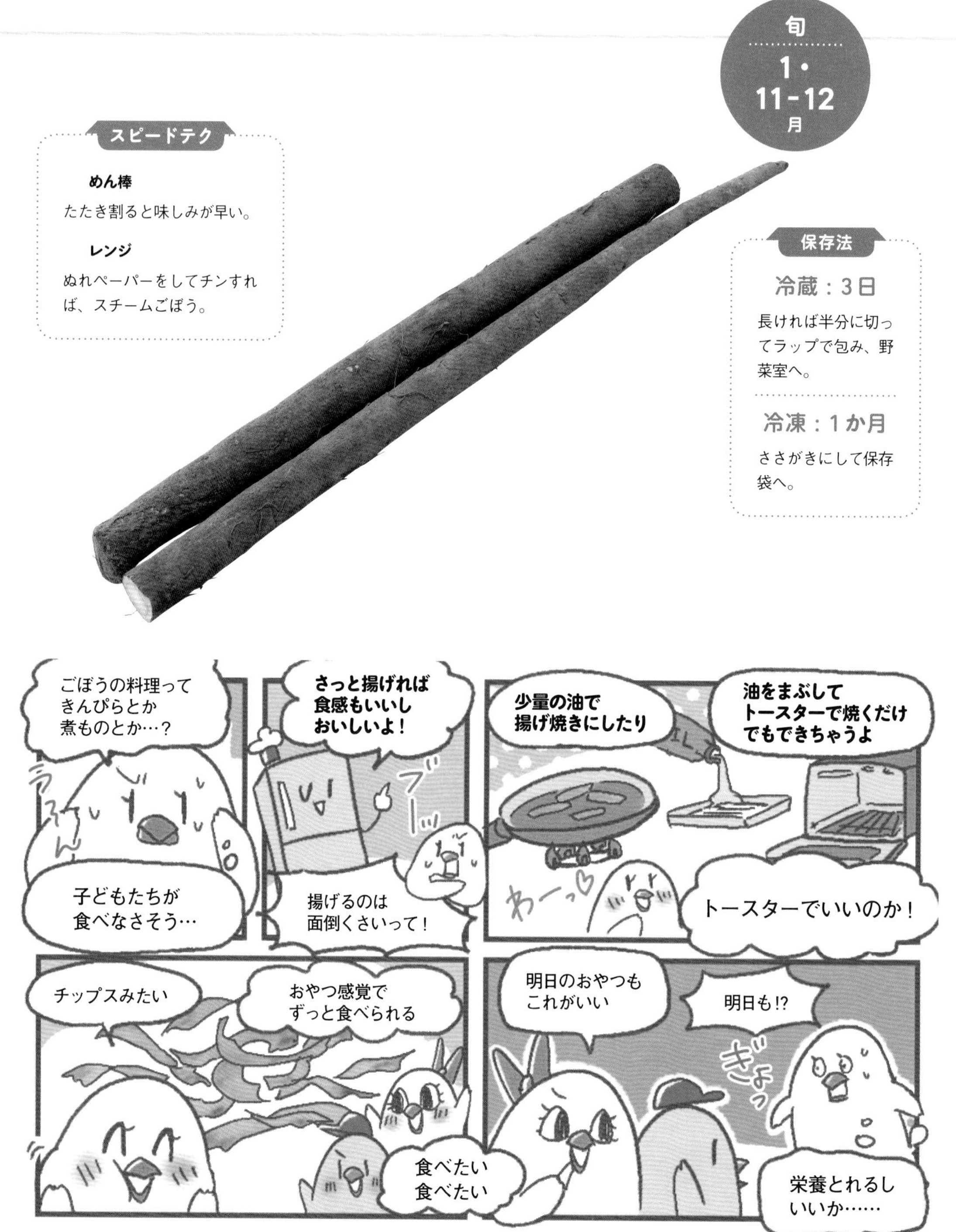

ヨーグルトでさっぱりとした味わい

ごぼうの明太サラダ

冷蔵 3日 冷凍 3週間

材料(4人分)

ごぼう … 1本(200g)
辛子明太子 … 2本
A マヨネーズ … 大さじ1½
プレーンヨーグルト … 小さじ2
レモン汁、塩、こしょう … 各少々

作り方

1 ごぼうは皮をこそげて5cm長さの細切りにし、水でさらして水けをきる。耐熱容器に入れ、ふんわりとラップをして電子レンジで3分加熱したら、ザルにあげて水けをきる。
2 辛子明太子は薄皮を除いて中身を取り出し、ボウルに入れてAと混ぜ合わせる。
3 2に1を加えて、あえる。

リメイク

細めのスパゲッティをゆでてあえて、サラダパスタに。

食感がたまらない居酒屋おつまみ風

ごぼうのから揚げ

10分

冷蔵 5日 冷凍 3週間

材料(4人分)

ごぼう … 1本(200g)
A しょうゆ … 大さじ2
酒 … 大さじ1
おろしにんにく … 少々
片栗粉、揚げ油 … 各適量

作り方

1 ごぼうはアルミホイルで皮をこそげて、めん棒でたたき、食べやすく割る。
2 保存袋にAを混ぜ合わせる。1を加えてからめ、片栗粉をまぶす。
3 180℃の揚げ油で2をカラッと揚げる。

時短のコツ

たたいたごぼうは火通りが早く、味なじみもよい。

時間をかけて煮たようなホクホク感

ごぼうのアヒージョ

10分

材料(4人分)

ごぼう … 1本(200g)
赤唐辛子(種を除く) … 1本分
A にんにく(薄切り) … 1片分
めんつゆ(3倍濃縮) … 大さじ2
酒 … 大さじ1
オリーブ油 … 適量

作り方

1 ごぼうは皮をこそげて5cm長さに切る。赤唐辛子は半分に切る。
2 耐熱容器に1のごぼう、Aを入れてふんわりとラップをし、電子レンジで3分加熱する。
3 フライパンに汁けをきった2、赤唐辛子、オリーブ油を入れて煮立たせ、弱火で5分ほど煮る。

リメイク

食べやすく切り、ベーコンと炒め合わせて、ペペロンチーノ風に。

サブおかず

れんこん

炒めても煮てもすりおろしてもおいしい万能食材。
薄めに切ってさっと加熱すれば、シャキシャキ歯ごたえが残る。

旬
1-3・11-12月

スピードテク

めん棒
たたき割ると早く味がしみる。

レンジ
まるごとぬれペーパーをしてチンして、スチームれんこん。

保存法

冷蔵：3日
切ったあとは切り口をラップで包み、立てて野菜室へ。

冷凍：1か月
皮をむき、半月切りにして水にさらし、保存袋に入れる。

油揚げで作る和風のピザ

れんこんと油揚げのパリパリ焼き

10分

冷蔵 3日 | 冷凍 3週間

材料(4人分)

れんこん … 400g
油揚げ … 4枚
おろしにんにく … 適量
塩、七味唐辛子 … 各少々
ピザ用チーズ … 60g
オリーブ油 … 大さじ2

調理のポイント

油揚げは薄揚げのものを使うとよりクリスピーに。

作り方

1 油揚げは長い1辺を残し、3辺を切り落として広げる。れんこんは皮をむいて薄切りにする。

2 1の油揚げにおろしにんにくを塗り、れんこん、ピザ用チーズを順にのせて、オリーブ油を回しかける。

3 オーブントースターで6〜7分ほど焼き、食べやすく切って塩、七味唐辛子をふる。

昔懐かしのシャキシャキおやつ

れんこん餅

10分

冷蔵 3日 | 冷凍 1か月

材料(4人分)

れんこん … 400g
片栗粉 … 大さじ6
塩 … 少々
サラダ油 … 大さじ2
A しょうゆ、みりん、酒 … 各大さじ1
おろししょうが … 少々

リメイク

肉の代わりにパンにはさんで、ヘルシーバーガーに。

作り方

1 れんこんはピーラーで皮をむいて保存袋に入れ、めん棒でできるだけ細かくたたく。片栗粉、塩を加えてよく混ぜ合わせる。

2 1を8等分にして円盤形に成形する。

3 フライパンにサラダ油を中火で熱し、2を両面こんがりと焼く。合わせたAを加えてからめる。

超スピードでできるほんのり甘い酢漬け

はちみつ酢ばす

8分

冷蔵 3日 | 冷凍 1か月

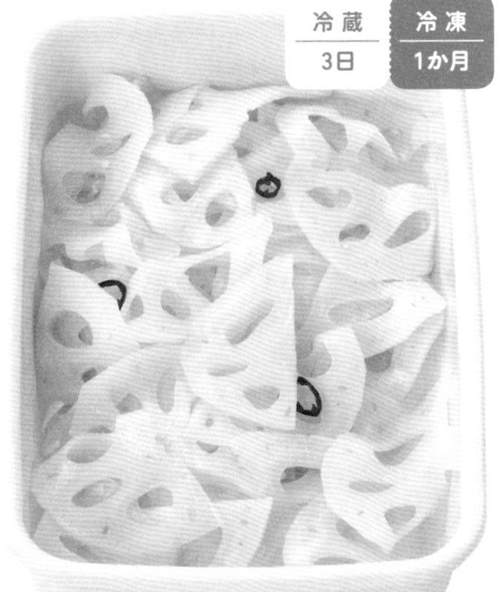

材料(4人分)

れんこん … 400g
A 酢 … 120mℓ
はちみつ … 大さじ4
塩 … 少々
赤唐辛子(種を除き小口切り) … 1本分

時短のコツ

れんこんを調味料とともに加熱すると、味が早くしみる。

作り方

1 れんこんは皮をむいてスライサーで薄い半月切りにする。酢水(分量外)にさらし、水けをふく。

2 耐熱容器にAを混ぜ合わせ、1を加える。ふんわりとラップをして、電子レンジで3〜4分加熱し、粗熱をとる。

サブおかず

じゃがいも

皮つきのまま食べると栄養価が高い。
レンジでまるごと加熱して、ホクホク蒸しにしてもおいしい。

旬
4-6・8-10月

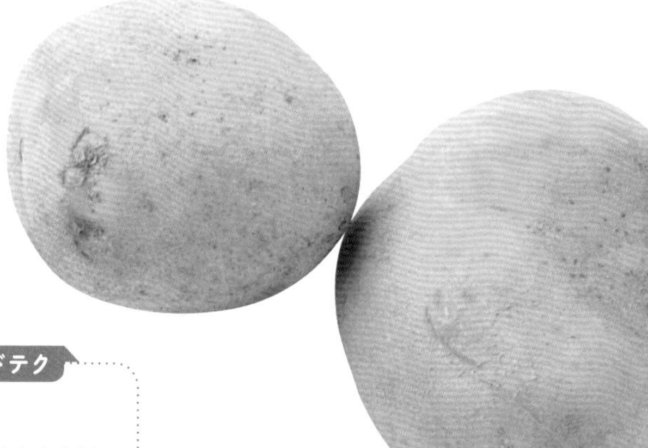

保存法

冷蔵：5日

切らずにそのまま保存袋に入れ、野菜室へ。

冷凍：1か月

薄切りにして水にさらし、水けをふいて保存袋へ。

スピードテク

レンジ

まるごとチンで皮もするりとむける。

コーンクリームのリッチな味わい

じゃがいもとコーンのかんたんグラタン

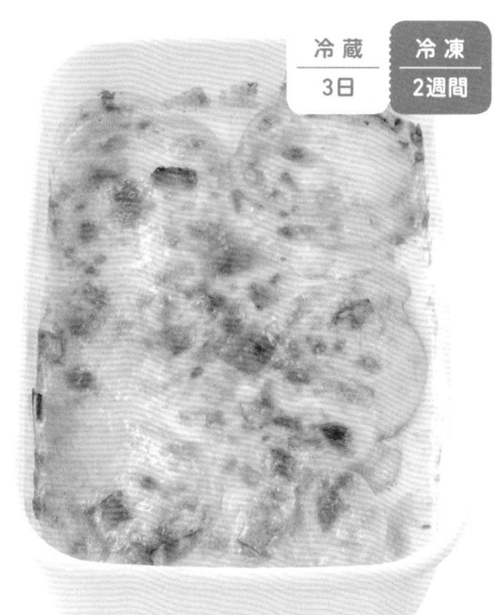

材料(4人分)

じゃがいも … 4個(500g)
ベーコン … 3枚
A 生クリーム … 130mℓ
　コーンクリーム缶 … 100g
　塩 … 小さじ½
　こしょう … 少々
ピザ用チーズ…80g

作り方

1 じゃがいもは皮をむいて極薄切りにし、耐熱容器に入れる。ふんわりとラップをして、電子レンジで3分加熱する。ベーコンは短冊切りにする。

2 耐熱容器に1、合わせたAを入れ、ピザ用チーズを散らす。オーブントースターで5分焼く。

粉なしでできる、ホクホク韓国おつまみ

じゃがキムチヂミ

10
分

材料(4人分)

じゃがいも … 4個(500g)
白菜キムチ … 60g
塩、こしょう … 各少々
ごま油 … 大さじ2
A しょうゆ…大さじ3
　白すりごま…大さじ1
　ラー油…小さじ2
　おろしにんにく、おろししょうが … 各少々

作り方

1 じゃがいもはピーラーで皮をむいてすりおろし、ザルにあげて水けをきる。水けをきるときに出た白いでんぷん質はとっておく。

2 ボウルに1、1のでんぷん質、水けをきった白菜キムチ、塩、こしょうを入れて混ぜ合わせる。

3 フライパンにごま油を多めに熱し、2を直径5cmずつの円形に流し入れて両面をこんがりと焼く。合わせたAのたれを添える。

酢が決め手のさっぱり炒め

じゃがいものビネガー炒め

材料(4人分)

じゃがいも … 4個(500g)
オリーブ油、パセリ(みじん切り) … 各大さじ1
A 酢 … 小さじ2
　塩 … 小さじ¼
　こしょう…少々

リメイク

にんじんやきゅうりのせん切り、マヨネーズと混ぜ合わせて、ポテトサラダに。

作り方

1 じゃがいもは皮をむいてせん切りにする。さっと水にさらし、水けをよくきる。

2 フライパンにオリーブ油を中火で熱し、1が透明になるまで4〜5分ほど炒める。

3 2にAを加えて炒め合わせ、パセリをふる。

冷蔵 3日 冷凍 ×

まるごとレンチンで屋台風の味に

じゃがいもの塩辛バター

材料(4人分)

じゃがいも … 小4個(400g)
いかの塩辛(市販) … 大さじ4
バター … 20g
粗びき黒こしょう … 少々

時短のコツ

ぬれたままラップをして加熱すると時短。

作り方

1 じゃがいもはよく洗って皮ごと1個ずつラップに包み、電子レンジで4分、上下を返してさらに4分加熱する。

2 ナイフで切り込みを入れ、熱いうちにいかの塩辛、バターを等分にのせて粗びき黒こしょうをふる。

冷蔵 3日 冷凍 ×

材料3つでできるお手軽さ

じゃがいもの赤じそあえ

10分

材料(4人分)

じゃがいも … 大3個(600g)
A マヨネーズ … 大さじ4
赤じそ風味ふりかけ … 大さじ2

リメイク

丸めてパン粉をつけて揚げれば、しそが香る和風ポテトコロッケに。

作り方

1 じゃがいもはよく洗って1個ずつラップで包み、電子レンジで6~8分加熱する。取り出して皮をむき、芽の部分はスプーンなどでくりぬいて除く。

2 ボウルに1とAを入れて、フォークでじゃがいもをざっくり崩しながら混ぜ合わせる。

冷蔵 3日 冷凍 2週間

シャキシャキ食感が新鮮

じゃがいものおひたし

10分

材料(4人分)

じゃがいも … 4個(500g)
A 酢…大さじ3
水…大さじ2
砂糖…大さじ1
ゆずこしょう…小さじ½
塩…小さじ¼
和風だしの素(顆粒) … ひとつまみ

作り方

1 じゃがいもは皮をむいてせん切りにする。熱湯でさっとゆでて、水にさらして粗熱をとる。

2 ボウルにAを混ぜ合わせ、1を加えて味をなじませる。

調理のポイント

じゃがいもの食感が残るよう、さっと熱湯にくぐらせる程度のゆで具合に。

青じそ風味のなんちゃってジェノベーゼ

じゃがいもの和風ジェノベーゼ

材料（4人分）

じゃがいも … 4個（500g）
青じそ … 3枚
くるみ（素焼き）… 20g
ちりめんじゃこ … 10g
A オリーブ油 … 大さじ2
めんつゆ（3倍濃縮）、
粉チーズ … 各大さじ1
おろしにんにく … 少々

作り方

1 じゃがいもは皮をむいて4つ割りにし、耐熱容器に入れる。ふんわりとラップをして、電子レンジで6分加熱する。青じそはせん切りにし、くるみは粗く砕く。

2 じゃがいもが熱いうちにAを加えてよくあえ、1の青じそ、くるみ、ちりめんじゃこを散らす。

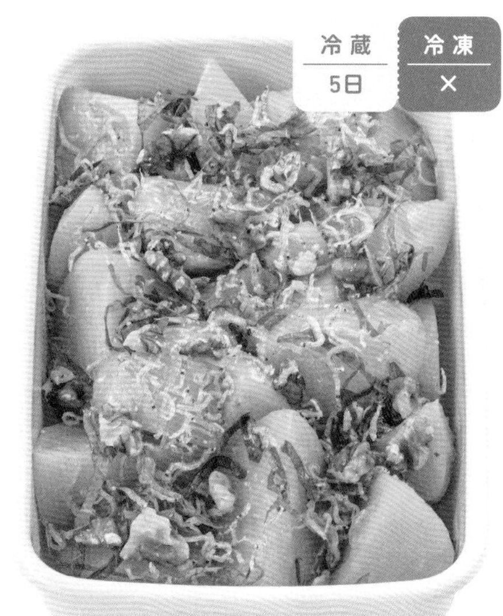

放置レシピ

炊飯器ひとつでできるうま辛ほっくり煮込み

じゃがいもと鶏肉の韓国風煮込み

材料（4人分）＋作り方

1 **炊飯器にすべての材料を入れ、普通に炊飯する**

じゃがいも（2等分）… 4個（500g）
鶏手羽元 … 4本
玉ねぎ（8等分のくし形切り）… 1個
水 … 600mℓ
コチュジャン … 大さじ2
酒、しょうゆ … 各大さじ1
砂糖、鶏がらスープの素（顆粒）… 各小さじ1
おろししょうが、おろしにんにく … 各少々

放置レシピ

スウェーデンの激うまおもてなし料理

時短ハッセルバックポテト

材料（4人分）＋作り方

1 **じゃがいもにベーコンをはさみ、調味料を上から順にのせてアルミホイルで1個ずつ包む**

じゃがいも（3mm幅に切り込みを入れ、さっと水にさらす）… 4個（500g）
ベーコン（食べやすい大きさ）… 4枚
塩、粗びき黒こしょう … 各少々
オリーブ油 … 大さじ3
ローズマリー … 適量
粉チーズ … 大さじ1

2 **200℃に予熱したオーブンで20〜25分焼く**

サブおかず

たけのこ（水煮）

水煮を使えば面倒なアク抜きも不要。加熱されているので、調理もラクチン。
カット済みのものを使えば、包丁いらずでさらに時短。

旬
3-6月

保存法

冷蔵：3日

切ったあとはラップで包んで保存袋に入れ、野菜室へ。

冷凍：1か月

使いやすく切ってから砂糖をまぶし、保存袋へ。

スピードテク

そのまま

カットされた水煮を使えば、ラクラク。

たけのこのコリコリ感を楽しむ

たけのこのエスニック炒め

冷蔵 3日　冷凍 1か月

材料(4人分)

たけのこ(水煮・細切り)…200g
ベーコン…40g
赤唐辛子(種を除き小口切り)…1本分
A ごま油…大さじ2
ナンプラー…大さじ1
しょうゆ、砂糖…各小さじ1

作り方

1 ベーコンは細切りにする。
2 耐熱容器にAを混ぜ合わせ、水けをきったたけのこ、1、赤唐辛子を加える。ふんわりとラップをして電子レンジで2分ほど加熱する。

時短のコツ

たけのこの水煮はカットされたものを使えば、切る手間いらずで時短に。

そのままおつまみでも、ラーメンのトッピングにも

自家製メンマ

10分

冷蔵 5日　冷凍 1か月

材料(4人分)

たけのこ(水煮・細切り)…200g
ごま油…大さじ½
A 水…130mℓ
しょうゆ…大さじ1
酒…小さじ2
砂糖、みりん…各小さじ1
鶏がらスープの素(顆粒)…小さじ½
ラー油…少々

作り方

1 フライパンにごま油を中火で熱し、水けをきったたけのこを加え、焼き色がつくまで炒める。
2 Aを加えて弱中火で汁けがなくなるまで煮つめ、ラー油を回しかける。

リメイク

きのことゆでたスパゲッティ、薄切りにしたにんにくと炒め合わせ、中華風ペペロンチーノに。

手早くできるけど味深く

たけのこの土佐煮

10分

冷蔵 3日　冷凍 1か月

材料(4人分)

たけのこ(水煮)…450g
A 水…200mℓ
めんつゆ(3倍濃縮)…100mℓ
かつお節…5g

調理のポイント

煮汁の粗熱がとれてから、かつお節を加えると香りが増す。

作り方

1 たけのこは半分の長さに切って1cm幅のくし形切りにする。
2 鍋に1、Aを入れて火にかけ、煮立ったら中火で4分ほど煮て火を止め、粗熱がとれたらかつお節を加えてあえる。

サブおかず

きのこ

どんな食材とも相性がよく、どの調理法でもうまみが逃げない万能食材。
ほぐして冷凍しておけば、すぐに使えてさらにうまみもアップ。

旬
1-3・9-12月

スピードテク

手
ざっくりほぐして食感アップ。

トースター
そのまま焼いて香ばしく。

保存法

冷蔵：4日
石づきを残したまま保存袋に入れ、野菜室へ。

冷凍：1か月
石づきを落として使いやすくほぐし、保存袋へ。

じゅわっとしみでるガーリックマヨのとりこに

しいたけのガーリックマヨ焼き

10分

冷蔵 3日 | 冷凍 2週間

火を使わない

材料(4人分)

しいたけ … 2パック(200g)
A マヨネーズ … 大さじ3
しょうゆ、おろしにんにく … 各小さじ½
粉チーズ … 適量

調理のポイント

加熱途中で焦げそうになったら、アルミホイルをかぶせる。

作り方

1 しいたけは軸を落とす。Aは混ぜ合わせておく。
2 しいたけのかさの部分にAを等分にのせ、粉チーズをふる。
3 オーブントースターで7〜8分焼いて、お好みでパセリ(乾燥)をふる。

手で裂くから食感が引き立つ

エリンギの豚巻き

10分

冷蔵 3日 | 冷凍 1か月

包丁使わない

材料(4人分)

エリンギ … 大3本(200g)
豚バラ薄切り肉 … 12枚
塩、小麦粉 … 各適量
サラダ油 … 小さじ1
A しょうゆ、みりん … 各大さじ1½
カレー粉 … 小さじ½
粗びき黒こしょう … 適量

時短のコツ

エリンギはかさの下部分を持って裂くときれいで早い。

作り方

1 エリンギは縦4等分に裂く。
2 豚バラ薄切り肉は1枚ずつ広げて塩をふり、小麦粉を全体に薄くまぶして1に巻く。これを12本作る。
3 フライパンにサラダ油を中火で熱し、2の巻き終わりを下にして入れ、転がしながら火が通るまで3〜4分焼く。合わせたAを加えてよくからめる。

つるっと食べられて食感もいい

えのきの梅おかかあえ

5分

冷蔵 3日 | 冷凍 2週間

食材ひとつ

材料(4人分)

えのきだけ … 2袋(200g)
A めんつゆ(3倍濃縮) … 大さじ2
練り梅 … 小さじ1
かつお節 … 5g

作り方

1 えのきだけは石づきを落としてほぐし、耐熱容器に入れる。ふんわりとラップをして電子レンジで2〜3分加熱する。
2 1の水けをよくきり、Aを加えて混ぜ合わせる。

リメイク

納豆と合わせて、なめたけ納豆風に。

冷蔵 3日 冷凍 1か月

秋を感じる香り高い一品

まいたけと鮭のバタポン蒸し

10分

材料(4人分)

まいたけ … 1パック(100g)
生鮭 … 2切れ
もやし … ½袋
バター … 30g
A 小ねぎ(小口切り) … 10g
　ポン酢しょうゆ … 大さじ2

リメイク

ごはんと混ぜ合わせて、バター香る炊き込みごはん風に。

作り方

1 まいたけは石づきを落としてほぐす。
2 耐熱容器にもやし、生鮭、1の順に入れ、ちぎったバターを加える。ふんわりとラップをして電子レンジで5〜6分加熱する。
3 2が熱いうちに、合わせたAをかける。

冷蔵 3日 冷凍 2週間

うまみいっぱいやみつきおかず

えのきとひき肉のオイスター炒め

10分

材料(4人分)

えのきだけ … 2袋(200g)
豚ひき肉 … 150g
にら … 1束
おろしにんにく … 小さじ1
ごま油…適量
A オイスターソース、しょうゆ、みりん … 各大さじ1
　片栗粉 … 小さじ1
　こしょう … 少々

作り方

1 えのきだけはキッチンばさみで石づきを落としてほぐす。
2 フライパンにごま油を強火で熱し、豚ひき肉、おろしにんにくを炒め、肉の色が変わったら1を加えて3〜4分炒める。
3 にらをキッチンばさみで食べやすく切りながら加えて炒める。にらがしんなりしたら合わせたAを加え、炒め合わせる。

放置レシピ

ごはんのおともにぴったりな甘辛味

しいたけの佃煮

半日

材料(4人分)+作り方

1 鍋にAを入れて火にかけ、沸騰したらしいたけを加えて7〜8分煮る

しいたけ(石づきを落として2等分) … 2パック(200g)
A 水 … 100mℓ
　しょうゆ、みりん、酒、砂糖 … 各大さじ1½

2 粗熱がとれたら冷蔵庫で半日以上おく

冷蔵 5日 冷凍 1か月

しょうゆがからむ絶品和風カレー味

きのことベーコンのカレーソテー

材料(4人分)

えのきだけ … 2袋(200g)
しめじ … 1パック(100g)
ベーコン … 2枚
A しょうゆ … 大さじ1
みりん、カレー粉 … 各大さじ½

作り方

1 えのきだけ、しめじは石づきを落としてほぐす。ベーコンは1cm幅に切る。

2 耐熱容器に1、合わせたAを入れる。ふんわりとラップをして電子レンジで5分加熱する。

リメイク

ごはんといっしょに炒めてカレーチャーハンに。

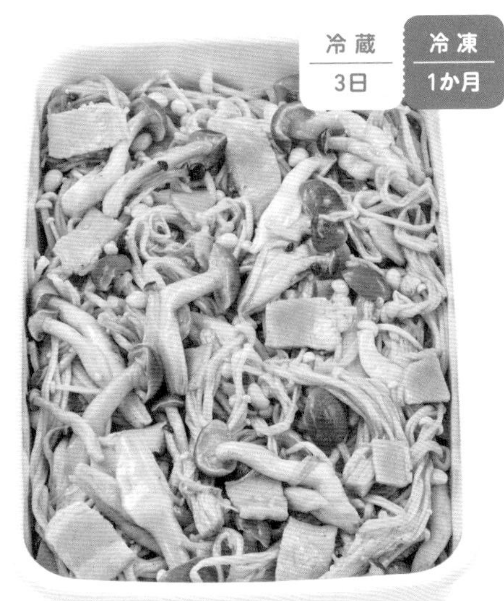

まいたけとふんわり卵に辛みがまとう

まいたけと厚揚げの卵炒め

10分

材料(4人分)

まいたけ … 2パック(200g)
厚揚げ … 2枚(200g)
A 溶き卵 … 2個分
塩、こしょう … 各少々
ごま油 … 適量
B 酒 … 大さじ1
鶏がらスープの素(顆粒) … 小さじ2
豆板醤 … 小さじ1

作り方

1 まいたけはキッチンばさみで石づきを落としてほぐす。

2 フライパンにごま油を強火で熱して1を3分ほど炒める。厚揚げを手でちぎりながら加え、さらに3分炒める。

3 中火にしてBを加えて混ぜ合わせたら、Aを回し入れ、やさしくかき混ぜる。お好みで小ねぎの小口切りを散らす。

放置レシピ

白ワインのおともに常備したい

きのこのマスタードマリネ

半日

材料(4人分)+作り方

1 きのこは電子レンジで4分加熱する

しめじ(石づきを落としてほぐす) … 2パック(200g)
エリンギ(縦に裂く) … 1パック(100g)

2 1が熱いうちにAを加えて混ぜ合わせ、粗熱がとれたら冷蔵庫で半日おく

A オリーブ油、酢 … 各大さじ2
粒マスタード … 大さじ1
砂糖 … 小さじ¼
塩、こしょう … 各少々

サブおかず

豆類

缶詰やパックなど、そのまま使えるものが多く調理もラクラク。
炒めものやスープなどの煮込み料理にたっぷり使いやすい。

スピードテク

そのまま
肉の代わりに使って満腹おかずに。

保存法

冷蔵：3日
さやから出したもの、缶詰をあけたものは保存容器に入れ、野菜室へ。

冷凍：1か月
さやつきのものは塩ゆでして保存袋に入れる。缶詰は缶汁をきって保存袋へ。

レモンとハーブソルトが味の決め手

ミックスビーンズとトマトのサラダ

5分

材料(4人分)

ミックスビーンズ(水煮)…200g
トマト…中1個
A オリーブ油、レモン汁…各大さじ2
砂糖…小さじ½
ハーブソルト…小さじ⅓

作り方

1 トマトはヘタを除き、2cm角に切る。
2 ボウルにAを混ぜ合わせ、汁けをきったミックスビーンズ、1を加えてあえる。

リメイク

カッペリーニなどの細めのパスタとあえて、サラダパスタに。

もどし汁とめんつゆでスピードうま煮

大豆と切り干し大根のめんつゆ煮

10分

材料(4人分)

大豆(水煮)…120g
切り干し大根(乾燥)…30g
油揚げ…1枚
めんつゆ(3倍濃縮)…80mℓ

作り方

1 切り干し大根は熱湯でもどし、キッチンばさみで食べやすく切って水けを絞る。もどし汁は200mℓとっておく。油揚げはキッチンばさみで1cm幅に切る。
2 鍋に汁けをきった大豆、1、めんつゆを入れて中火にかける。煮立ったら2~3分煮て火を止めて粗熱がとれるまで味をなじませる。

ごま油をかけるだけの究極ラクおかず

焼き枝豆

10分

材料(4人分)

枝豆(冷凍・さやつき)…300g
塩…小さじ1
ごま油…大さじ2

調理のポイント

オーブントースターの代わりに、魚焼きグリルを使ってもOK。

作り方

1 枝豆は流水で解凍し、水けをきって塩をまぶす。
2 アルミホイルを敷いた天板に1をのせ、ごま油を回しかける。
3 オーブントースターで、焦げ目がつくまで6~7分焼く。

サブおかず

大豆製品

肉や魚の代わりのかさ増しに使えて栄養も満点。味しみも早いのでさっと加熱で火が通る。

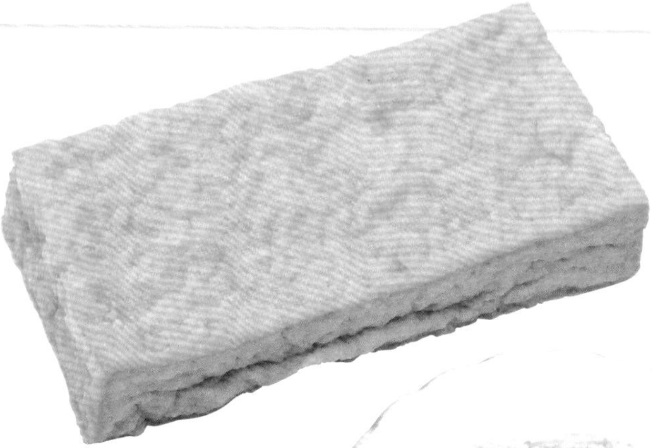

保存法

冷蔵：3日

厚揚げや油揚げは開封したらラップで包み、保存袋に入れてチルド室へ。

冷凍：1か月

厚揚げや油揚げは熱湯を回しかけて油抜きをし、使いやすく切って保存袋へ。

スピードテク

手

厚揚げや高野豆腐は食べやすくちぎる。

レンジ

油揚げはだし汁とチンして、スピードきつね煮。

じゅわっとみずみずしく仕上がる

厚揚げとパプリカのレンジ煮びたし

10分

冷蔵 3日 冷凍 ×

材料(4人分)

厚揚げ(油抜き不要のもの)…2枚(240g)
パプリカ(赤)…1個
A 水、みりん…各大さじ2
しょうゆ…大さじ1
和風だしの素(顆粒)…小さじ1

時短のコツ

油抜き不要の厚揚げを使えば、油抜きいらず。

作り方

1 厚揚げは1.5cm幅に切る。パプリカはヘタと種を除いて、ひと口大に切る。
2 耐熱容器にAを混ぜ合わせ、1を加える。ふんわりとラップをして電子レンジで3分加熱する。
3 取り出して軽く混ぜてふんわりとラップをして、さらに2分加熱する。

洋風の味わいが新鮮

高野豆腐のコンソメ煮

10分

冷蔵 3日 冷凍 ×

材料(4人分)

高野豆腐(乾燥)…4枚(70g)
さやいんげん…6本
A 水…400mℓ
コンソメスープの素(顆粒)…小さじ2
塩…少々
粗びき黒こしょう…少々

リメイク

ウインナーソーセージを加えて煮込んで、洋風スープに。

作り方

1 高野豆腐はぬるま湯でもどし、キッチンばさみで1枚を十字に4等分に切る。
2 鍋にA、1を入れて火にかけ、煮立ったら弱火で5分ほど煮る。
3 2にすじを除いてキッチンばさみで半分に切ったさやいんげんを加え、さっと煮て粗びき黒こしょうをふる。

甘辛味でビールにも合う

厚揚げのスイートチリ炒め

7分

冷蔵 3日 冷凍 ×

材料(4人分)

厚揚げ…2枚(240g)
A スイートチリソース、酒…各大さじ2
しょうゆ…大さじ½
おろしにんにく、おろししょうが…各小さじ½

リメイク

パクチーとあえて、エスニックサラダに。

作り方

1 厚揚げはひと口大に切る。
2 フライパンに1を入れて中火で炒め、焼き色がついてきたら、合わせたAを加えて炒め合わせる。

火を使わない

包丁使わない

食材ひとつ

火を使わない

包丁使わない

食材ひとつ

冷蔵 3日　冷凍 ×

ピザ生地よりサクサクに仕上がる

油揚げピザ

10分

材料(4人分)

油揚げ … 4枚(200g)
プチトマト … 4個
ピーマン … 2個
トマトケチャップ … 大さじ4
ピザ用チーズ … 40g
塩、こしょう … 各少々

作り方

1 油揚げは半分に切り、表面にトマトケチャップを塗る。

2 プチトマトはくし形切り、ピーマンはヘタと種を除いて輪切りにする。

3 2を1にのせ、ピザ用チーズを散らし、塩、こしょうをふる。アルミホイルを敷いた天板にのせ、オーブントースターで7〜8分焼く。

冷蔵 3日　冷凍 1か月

ヘルシーでいくらでも食べられる

おからナゲット

10分

材料(4人分)

おから(生) … 200g
鶏ひき肉 … 200g
溶き卵 … 1個分
A 鶏がらスープの素(顆粒) … 小さじ2
　おろししょうが … 小さじ2
小麦粉 … 大さじ2
サラダ油 … 適量

作り方

1 おから、鶏ひき肉、溶き卵、Aをボウルに入れて手でよく練り混ぜる。16等分にして小判形に成形し、表面に小麦粉をまぶす。

2 フライパンにサラダ油を深さ2cmほど入れて中火で熱し、1を入れてきつね色になるまで揚げ焼きにする。

リメイク

野菜と甘酢あんと炒め合わせて、酢豚風に。

冷蔵 3日　冷凍 2週間

ごはんにのせて食べたい甘辛味

油揚げの照り焼き

8分

材料(4人分)

油揚げ … 6枚(300g)
A しょうゆ … 大さじ4
　みりん、砂糖 … 各大さじ2
白いりごま … 小さじ2

作り方

1 油揚げは熱湯をかけて油抜きをし、食べやすく切る。

2 フライパンに1を入れて中火で両面を軽く焼き、合わせたAを加える。とろみがつくまで煮からめ、白いりごまをふる。

リメイク

温かいうどんにのせて、きつねうどんに。

枝豆の彩りと食感が楽しい

レンジうの花

10分

冷蔵 3日 冷凍 1か月

材料(4人分)

おから(生) … 200g
ちくわ … 2本
枝豆(冷凍・さやつき) … 80g
ひじき(水煮) … 30g
A 水…大さじ4
しょうゆ、みりん … 各大さじ2
酒、砂糖 … 各大さじ1
和風だしの素(顆粒)、ごま油 … 各小さじ1

作り方

1 ちくわは輪切りにし、枝豆は解凍してさやから取り出す。
2 耐熱容器にAを混ぜ合わせ、おから、水けをきったひじき、1を加えて混ぜる。ふんわりとラップをして電子レンジで3分加熱する。
3 取り出して全体を軽く混ぜ、ふんわりとラップをし、さらに3分加熱する。

火を使わない

サクサクとシャキシャキのハーモニー

香ばし油揚げと水菜の和風サラダ

10分

冷蔵 3日 冷凍 ×

材料(4人分)

油揚げ … 2枚(100g)
水菜 … 1束
A めんつゆ(3倍濃縮)、白すりごま … 各大さじ2
オリーブ油 … 大さじ1

調理のポイント

油揚げは油抜きせずにカリカリに焼くと、時間がたってもおいしい。

作り方

1 水菜はキッチンばさみで根元を落とし、3cm長さに切る。水によくさらし、水けをきる。
2 油揚げはキッチンばさみで短冊切りにし、オーブントースターでこんがりとするまで3〜4分焼く。
3 ボウルにAを混ぜ合わせ、1、2を加えてあえる。

包丁使わない

濃厚なたれをたっぷりからめた

厚揚げのオイスターソース煮

8分

冷蔵 3日 冷凍 ×

材料(4人分)

厚揚げ … 2枚(240g)
A オイスターソース、酒、水 … 各大さじ2
しょうゆ、砂糖 … 各小さじ1

作り方

1 厚揚げは熱湯をかけて油抜きをし、ひと口大に切る。
2 フライパンにAを入れて煮立たせ、1を入れて中火で5分ほど煮て、たれを煮からめる。

食材ひとつ

ひじき

炒めても煮てもおいしい。レンチンや熱湯でかんたんにもどせる。
乾物は日持ちするので、常備しておこう。

保存法

冷蔵：3日

もどしたものは水けをきりラップで包み、保存袋に入れて冷蔵室へ。

冷凍：1か月

もどしたものは水けをきりさっとゆでて保存袋へ。

スピードテク

レンジ

水を張り、チンしてスピードもどし。

ひじきにクリームチーズが絶妙にマッチ

ひじきとクリームチーズのサラダ

材料(4人分)

ひじき(水煮)… 170g
玉ねぎ … ¼個
プチトマト … 4個
クリームチーズ … 40g
A レモン汁 … 大さじ3
　オリーブ油 … 大さじ2
　塩 … 小さじ¼
　砂糖、こしょう … 各少々

作り方

1. ひじきは軽く洗い、水けをきる。
2. 玉ねぎは角切りにして水にさらし、水けをきる。プチトマトはヘタを除いて4等分に切る。クリームチーズは1cm角に切る。
3. ボウルにAを混ぜ合わせ、1、2を加えてさっくりあえる。

豆腐と練りごまでこっくりと

ひじきと豆のあったか白あえ

10 分

材料(4人分)

芽ひじき(乾燥) … 20g
木綿豆腐 … 1丁(300g)
ミックスビーンズ(水煮)
　… 100g
A 砂糖、白練りごま
　　… 各大さじ2
　しょうゆ … 小さじ2
　塩 … 小さじ½

作り方

1. 芽ひじきは軽く洗い、熱湯でさっともどして水けをきる。木綿豆腐は耐熱容器にのせて、ラップをせずに電子レンジで4分加熱する。
2. ボウルにAを混ぜ合わせ、1、水けをきったミックスビーンズを加え、豆腐を崩しながらさっとあえる。

かつおのだしをしみ込ませた

ひじきの佃煮

10 分

材料(4人分)

芽ひじき(乾燥) … 20g
A かつお節 … 5g
　水 … 200mℓ
　しょうゆ、みりん、酒、
　　ごま油 … 各大さじ1
　砂糖 … 大さじ½
　おろししょうが … 少々
白いりごま … 大さじ2

作り方

1. フライパンに芽ひじきとAを入れて火にかけ、水分がなくなるまで中火で煮つめる。
2. 1に白いりごまを加えてさっくり混ぜ合わせる。

リメイク
卵焼きの具材や、ごはんに混ぜ込んでも。

火を使わない

包丁使わない

食材ひとつ

サブおかず

切り干し大根

熱湯でもどして使えば、スピード調理が可能。
生の大根の代用として、あえものや炒めもの、煮ものに大活躍。

保存法

冷蔵：3日

もどしたものは水けを絞り、保存袋に入れて冷蔵室へ。

冷凍：1か月

もどしたものは水けを絞り、ラップで小分けにして保存袋へ。

スピードテク

そのまま

もどさず炒め煮にしてもOK。

さきいかが味の深みを演出

切り干しキムチ

10分

冷蔵 5日 / 冷凍 ×

材料(4人分)

切り干し大根(乾燥)… 30g
さきいか … 30g
白菜キムチ … 50g
貝割れ大根 … 40g
A めんつゆ(3倍濃縮)、ごま油 … 各小さじ1
　白いりごま … 適量

時短のコツ

すぐに味がしみる切り干し大根に、うまみたっぷりのさきいかを加えて、味つけをかんたんに。

作り方

1 耐熱容器に切り干し大根とたっぷりの水を入れ、電子レンジで2分加熱する。水けを絞り、ざく切りにする。

2 さきいかは細かくほぐし、白菜キムチは粗く刻む。貝割れ大根は根元を落として長さを半分に切る。

3 ボウルにAを混ぜ合わせ、1、2を加えてあえる。

シャキシャキとホクホクが同時に楽しめる

切り干し大根と里いものサラダ

10分

冷蔵 5日 / 冷凍 3週間

材料(4人分)

切り干し大根(乾燥)… 30g
里いも(冷凍)… 小6個
A 梅干し(種を除きほぐす)… 2個
　マヨネーズ … 大さじ2
　酢 … 大さじ1
　みりん … 小さじ2
　塩 … 少々
かつお節 … 5g

作り方

1 切り干し大根は熱湯でもどして水けを絞り、キッチンばさみで食べやすく切る。里いもは耐熱容器に入れてふんわりとラップをして、電子レンジで5分加熱する。

2 ボウルにAを混ぜ合わせて1を加え、里いもを軽く崩しながらさっと混ぜ合わせる。かつお節を加え、あえる。

ピリッとくる刺激と酸味が美味

切り干し大根のゆずこしょう酢

10分

冷蔵 5日 / 冷凍 3週間

材料(4人分)

切り干し大根(乾燥)… 30g
A すし酢(市販)… 大さじ2
　レモン汁 … 大さじ1
　ゆずこしょう … 小さじ1

リメイク

うどんにトッピングしたり、ごはんに混ぜ合わせて酢めしにしても。

作り方

1 切り干し大根は熱湯でもどして水けを絞り、キッチンばさみで食べやすく切る。

2 ボウルにAを混ぜ合わせ、1を加えてよくあえる。

サブおかず

昆布・わかめ

もどしてサラダや加熱調理に。カット済みのものを使えばさらに時短。
風味があるので、調味料をたくさん使わなくても味つけバッチリ。

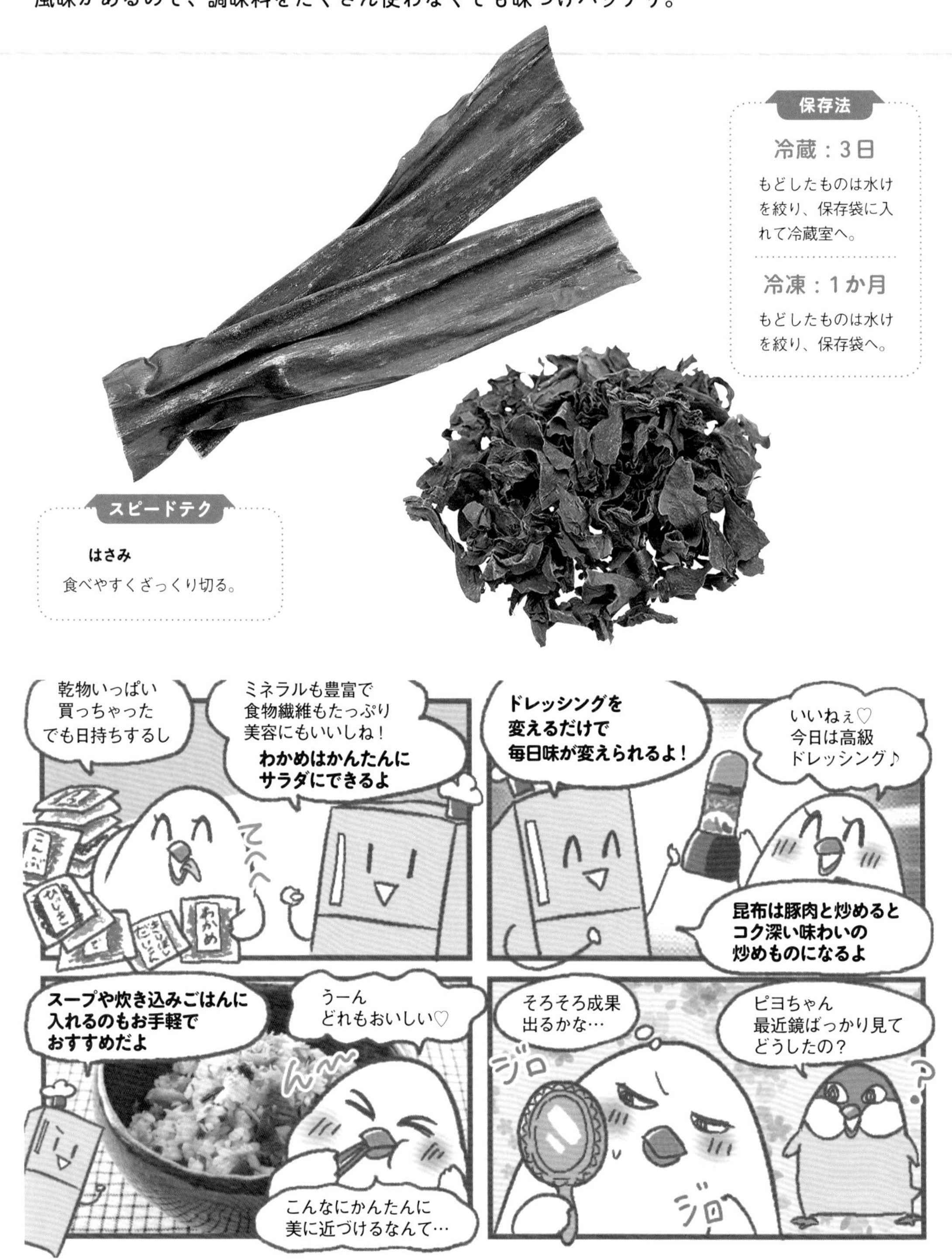

ねばねばとわかめがよく合う

わかめとオクラのねばサラダ

冷蔵 3日 冷凍 1か月

材料(4人分)

わかめ(乾燥)…20g
オクラ…160g
めんつゆ(3倍濃縮)
…大さじ2

調理のポイント

オクラはそのままレンチンすると破裂するので、つま楊枝で穴をあける。

作り方

1 わかめは水で5分もどし、水けを絞る。

2 オクラは洗って数か所穴をあけ、耐熱容器に並べる。ふんわりとラップをして電子レンジで1分加熱する。粗熱がとれたらヘタを落として小口切りにする。

3 ボウルに1、2、めんつゆを入れてよくあえる。

磯としょうゆの香りがおいしい

わかめともやしの中華炒め

冷蔵 3日 冷凍 ×

材料(4人分)

わかめ(乾燥)…10g
もやし…1袋
長ねぎ…¼本
ごま油、しょうゆ…各大さじ1
塩、こしょう、一味唐辛子
…各少々

リメイク

鶏がらスープを加えて、即席中華風スープに。

作り方

1 わかめは湯で1〜2分もどし、水けを絞る。長ねぎはキッチンばさみで粗みじん切りにする。

2 フライパンにごま油を中火で熱し、1の長ねぎを炒める。

3 わかめ、もやしを加えて強火にしてさっと炒め合わせ、しょうゆを回し入れる。塩、こしょうで味を調えて一味唐辛子をふる。

まさか昆布がナムルになるとは

切り昆布の炒めナムル

8
分

冷蔵 4日 冷凍 1か月

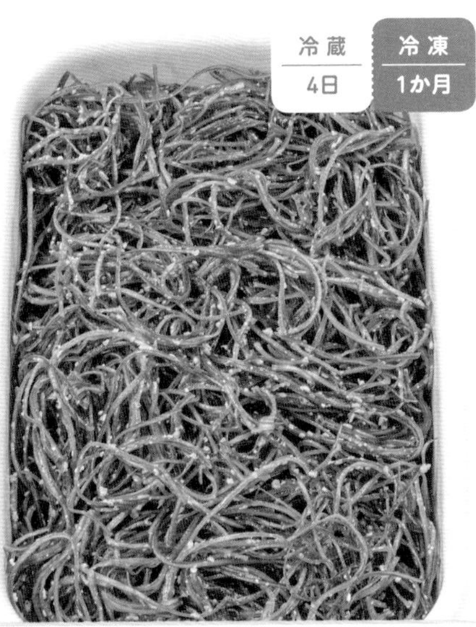

材料(4人分)

切り昆布(乾燥)…20g
ごま油…小さじ2
酒…小さじ2
A 白すりごま…小さじ2
　しょうゆ…小さじ1

リメイク

冷ややっこや湯豆腐の薬味として。

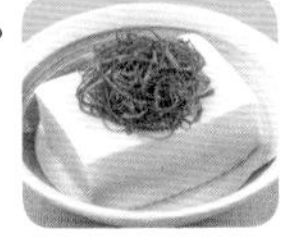

作り方

1 切り昆布は水で5分ほどもどす。

2 フライパンにごま油を弱火で熱し、1、酒を入れて1分ほど炒めて火を止める。

3 Aを加えて余熱でよく混ぜ合わせる。

火を使わない

包丁使わない

食材ひとつ

サブおかず

こんにゃく・しらたき

アク抜き不要のものを使うとさらにラクチン。かさ増しやダイエットにも。
レンジン加熱やから炒りのひと手間で味しみがスピードアップ。

保存法

冷蔵：3日

開封したものは水を張った保存容器に入れてチルド室へ。

冷凍：×

スカスカの食感になるので、冷凍には向かない。

スピードテク

手

食べやすくちぎると味しみも早い。

レンジ

水を張り、チンしてスピードアク抜き。

みそとチーズの発酵食品を味わう

こんにゃくのとろ〜りチーズ田楽

10分

冷蔵 3日 冷凍 ×

材料(4人分)

こんにゃく(アク抜き不要のもの)…2枚(500g)
スライスチーズ(とろけるタイプ)…4枚
A 赤みそ、砂糖…各大さじ2
みりん…大さじ1

時短のコツ

ひと口大に切ると、火が早く通る。

作り方

1 耐熱容器にAを混ぜ合わせ、ラップをせずに電子レンジで30秒加熱する。
2 こんにゃくは1枚を12等分に切る。耐熱容器に並べてふんわりとラップをし、4分加熱し、水けをきる。
3 2の上に1枚を6等分に切ったスライスチーズを1切れずつのせ、1を等分にのせる。

低カロリーなのにおなかが満たされる

しらたきのビーフン風

8分

冷蔵 3日 冷凍 ×

材料(4人分)

しらたき(アク抜き不要のもの)…2袋(400g)
豚こま切れ肉…200g
しいたけ…4枚
にら…1束
もやし…200g
ごま油…小さじ2
A 鶏がらスープの素(顆粒)、しょうゆ…各大さじ1
塩、こしょう…各少々

作り方

1 しらたき、しいたけ、にらはキッチンばさみで食べやすく切る。
2 フライパンに1のしらたきを入れて、中火で1分ほどから炒りする。
3 ごま油、豚こま切れ肉、もやし、1のしいたけ、にらを加えて炒め、しんなりしたら合わせたAを加えて炒め合わせる。

究極ヘルシーな焼きそば風きんぴら

ソースきんぴらしらたき

7分

冷蔵 3日 冷凍 ×

材料(4人分)

しらたき(アク抜き不要のもの)…2袋(400g)
ごま油…大さじ1
A 中濃ソース…大さじ4
鶏がらスープの素(顆粒)…小さじ½
青のり…小さじ½

調理のポイント

しらたきはしっかりとから炒りすることで、調味料がしみ込みやすくなる。

作り方

1 しらたきは食べやすく切ってフライパンに入れ、中火で2〜3分ほどから炒りする。
2 1にごま油を回し入れて炒め合わせる。油が回ったら合わせたAを加えて汁けがなくなるまで炒め、青のりをふる。

火を使わない

包丁使わない

食材ひとつ

COLUMN.04

＼ 入れるだけであっという間に ／

即席お手軽スープ

器が1つあればすぐにできちゃう、鍋いらずですぐできる汁ものを紹介します。

定番の具材でちゃちゃっと

ねぎと油揚げのみそ汁

冷蔵 2日　5分

材料(2人分)

油揚げ … ½枚
小ねぎ(小口切り) … 適量
みそ … 小さじ4
和風だしの素(顆粒) … 小さじ2
熱湯 … 300㎖

作り方

1 油揚げはオーブントースターでさっと焼き、焦げ目がついたら短冊切りにする。

2 器に1、小ねぎ、みそ、和風だしの素を等分に入れ、熱湯を等分に注ぐ。

つるつる食べやすく
やさしい味わい

もずくスープ

材料(2人分)

もずく … 60g
鶏がらスープの素(顆粒)、
　おろししょうが … 各小さじ1
熱湯 … 300㎖
塩、こしょう … 各少々
ごま油 … 小さじ2

作り方

1 器にもずく、鶏がらスープの素、おろししょうが、熱湯を等分に入れてよく混ぜ、塩、こしょうで味を調える。ごま油を回しかけ、お好みで小ねぎの小口切りを散らす。

冷蔵 2日　5分

ボリュームたっぷり食べるスープ

春雨担々スープ

冷蔵 3日　10分

材料(2人分)

春雨(乾燥)…20g
豚ひき肉…80g
A みそ…大さじ2
　白すりごま…大さじ1
　しょうゆ…大さじ½
　豆板醤、砂糖…各小さじ1
おろしにんにく…小さじ1
水…400mℓ

作り方

1 深めの耐熱容器に豚ひき肉、Aを入れてよく混ぜ合わせ、キッチンばさみで食べやすく切った春雨、おろしにんにく、水を加えて混ぜる。

2 ふんわりとラップをして、電子レンジで6分加熱する。取り出してよく混ぜ、お好みで小ねぎの小口切りを散らす。

しなっとキャベツにうまみしみ込む

キャベツとトマトのレンチンスープ

材料(2人分)

キャベツ…2枚
ベーコン…2枚
カットトマト缶…100g
水…200mℓ
コンソメスープの素(顆粒)…小さじ2
塩、こしょう…各少々

作り方

1 深めの耐熱容器に手でちぎったキャベツ、キッチンばさみで切ったベーコンを入れ、カットトマト缶、水、コンソメスープの素を加えてよく混ぜ合わせる。

2 ふんわりとラップをして、電子レンジで5分加熱する。取り出して塩、こしょうで味を調える。

冷蔵 3日　10分

そしてピヨたちはー
こそっ…
ピヨちゃん
急で申し訳ないんだけど
姉夫婦から30分後に
オンライン飲み会に
誘われたんだけど…
えっ⁉
4〜5品作れば
何とかなるかな？
えっ
大丈夫ってこと？
うん！
せっかく誘われたんだもん！
ちょうど作りおきするところだったし
ピッピ、ピー太手伝って〜！
は〜い！
はさみでパパっと
火を使わず
チャチャッと
ワンステップで
あっという間！
うふふ
できた
じゃーん！
30分でこんなに作りおき
できちゃった！
おいしそー！
ばーんっ‼
グッジョブ！です！

わー
ピヨちゃんの料理
おいしそー！
でも作るの
大変だったでしょう？
いいえ！これ全部
30分で作ったんです
えっ!?
じゃあ連絡したあとから
作ったの？
そう！
すごいスピード技でしょ？
すごーい！
楽しかったー！
短時間でおいしいもの
作れて本当にすごいよ
ありがとう
そう言ってもらえて
光栄です！
じゃあ僕も寝るから
あとはよろしくね！
ちょっとちょっと
私たちはそんな
役回りじゃなーい！
でもピヨちゃんたち家族が
喜んでくれてよかった！
次はお姉さん夫婦のもとへ
行こうかな～…
ぴゅーーーっ!!
みなさんも、楽しい時短レシピライフを一

\ 素材・タイプ別 /

INDEX

● 火を使わない
● 包丁使わない ● ワンステップ
● 食材ひとつ ● 放置

肉

▶ 鶏肉

▶ 豚肉

▶ 牛肉

▶ ひき肉

▶ 肉加工品

魚

▶ 鮭

▶ ぶり

▶ きゅうり

▶ グリーンアスパラガス

▶ 小松菜

▶ ごぼう

▶ 大根

▶ たけのこ

▶ 玉ねぎ

▶ 豆苗

▶ トマト・プチトマト

▶ 長ねぎ

▶ なす

▶ にんじん

編者 食のスタジオ（しょくのすたじお）

レシピ・栄養サポート・編集制作・レシピコンテンツの販売まで、食の業務を一貫して行う専門会社。管理栄養士、編集者など、食の知識と技術を身につけたスタッフで構成されている。著書多数。

HP　https://www.foodst.co.jp/

編集協力	奈良部麻衣・横江菜々子・矢川咲恵・飯塚良子・荻野賀予・森下紗綾香（食のスタジオ）
マンガ・イラスト	近所のカラス
レシピ制作・料理	内山由香・岩下亜希・栗田美香・小泉明代・内藤まりこ・畠山有香・服部みどり・広田千尋・矢島南弥子（食のスタジオ）
撮影	中川朋和
スタイリング	畠山有香
アートディレクション	川村哲司（atmosphere ltd.）
デザイン	吉田香織（atmosphere ltd.）
DTP	センターメディア
校正	西進社

時間がない人のための超速つくりおき313

2021年4月5日発行　第1版
2023年6月15日発行　第1版　第5刷

編　者	食のスタジオ
発行者	若松和紀
発行所	株式会社 西東社 〒113-0034　東京都文京区湯島2-3-13 https://www.seitosha.co.jp/ 電話　03-5800-3120（代）

※本書に記載のない内容のご質問や著者等の連絡先につきましては、お答えできかねます。

ISBN 978-4-7916-2937-4